モタク

モテるオタクになる恋愛ガイド

アルテイシア・著

スコラマガジン

はじめに

「恋愛したくても、やり方がわからない」

そう感じている男性は多いと思います。巷の婚活本や恋愛本には「魅力を磨こう」「行動しよう」「異性に積極的に話しかけよう」と書かれてますが、その具体的な方法は載っていない。つまり、初めて恋愛しようと思った時に読むべき参考書が存在しない。

「好きな女性の前でうまく振る舞えないんだよな……」とわかっているから踏み出せない、そんな男性たちに向けて、本書は基礎の基礎から恋愛のやり方を解説してます。「この1冊で彼女ができる！」が『モタク』のコンセプト。

そして、読者を恋愛経験ゼロのオタク男子に設定しました。

それは私自身が彼女いない歴＝年齢のオタクと結婚した立場であり、周りに「恋愛したいけど、恋愛できない」というオタクの友人が多いこと、読者からもそんな相談が多く寄せられることが理由です。

オタクの友人は「オタクは純粋なんで、ただ1人の愛する女性と結ばれたい願望は人一倍あります」と言います。確かに100人とやりまくりたい、といった男性はそもそもオタクにならない。

彼は続けて「でも現実には女性とうまくコミュニケーションできない。女性と接点がないから、情報源はテレビや雑誌になる。そこにはオタク＝恋愛できないってイメージが溢れてるから、自分自身も洗脳されるというか……『俺なんて恋愛できない、恋愛しようなんて思っちゃいけない』と考えてしまうんです」と本音を語ってくれました。

実際はオタクだから恋愛できないわけではなく、恋愛のやり方を知らないだけ。麻雀のやり方を知らない人は、どれだけ頭と運がよくても勝てないのと同じです。

異性と縁のなかったオタクは、恋愛のルールを学んで実践する機会がなかった。すなわち、恋愛能力を身につける機会がなかった。それが一番の理由であって、「オタク」が理由ではないのです。オタク趣味を追究していても、恋愛能力のある人には彼女がいます。趣味が原因じゃないんだから、オタクをやめる必要はない。オタクでありながら、恋愛能力を身につければいいだけの話です。問題は、それをしようと思うかどうか。「恋愛しよう、そのために頑張ろう」とドライブがかかるかどうか。

オタクが恋愛にドライブがかかりにくいのは、恋愛や女性に対して苦手意識やマイナスイメージがあるから。けれどもこの本を手に取った方は、少なくとも「彼女がいればいいーな」とは思っているでしょう。目が血走るくらい思っているか、「ま、いればいいんだけどー」くらいかはさておき。「彼女がほしい」という望みがあるなら、大丈夫。恋愛能力を高めて、彼女を作ることができます。

本書の「好感度を上げるポイント」などを読むうちに、ちょっと試してみようかな？　って気になるから。それで試してみたら、周りの反応が変わってくるから。まずは身近な人々の反応が変わってきます。そしたら楽しくワクワクしてきて、「もっと頑張ろう」と自然にやる気が出てきますよ。

恋愛は究極のコミュニケーションなので、それを学ぶことで仕事や人間関係にも活かせます。初心者は「下手くそでもいいんだ」と開き直ってください。初めから完璧にうまくできる人なんていないのだから。

『モタク』ではオタクのメンタルに重点をおき、女慣れしてない男性が陥りがちな心理、やりがちな失敗、その対策についても述べています。

また、女性心理についても詳しく解説しています。巷の恋愛本は、そこのボリュームが圧倒的に足りない。女性の気持ちを理解しない限り、真の恋愛能力は身につきません。

「こういう行動はＮＧ」と書いてあっても、なぜそれがＮＧなのか理解しないと、解決にはならないから。似たような行動をして失敗し「え、なんで⁉」とパニックに陥ることでしょう。

「付け焼刃に何ができるというか」とシャア・アズナブルも言っていますが、付け焼刃の知識やテクニックは使えません。実戦で勝つためには、相手の心理を知ることが大切。

ここで自己紹介を。私、アルテイシアは恋愛がさっぱりうまくいかず、迷路にハマッていました。

「ここがどこだかわからないのよ！　ボエー」と泣いていた29歳の時に夫と出会い、その出会いから結婚までを綴った『59番目のプロポーズ』で作家デビュー。

　そんな私は10代の頃とても太っていて、経絡秘孔を突けないほどの肉厚ぶりでした。通りすがりの男子たちに「デブ」と笑われたり、コンビニの男性店員にすら怯えるという、無残な青春。そんな自分が嫌で一念発起し、ダイエットに成功。すると肉に埋もれていた目鼻も現れて、人並みに女子として扱われるようになりました。

　が、女子校育ちで異性に免疫がなかったため、男性の前で挙動不審になってしまう。そこから失敗と経験を重ね、恋愛能力を身につけていったのです。

　このように、私は底辺からの成り上がり系。だから恋愛圏外にいる苦しみがよくわかる。「自分は人並みじゃない、普通の幸せは手に入らない」と思いながら生きるのはストレスですよね。イチャつくカップルを見ては呪詛を吐く、みたいな人生は本人が一番つらいもの。

　恋愛圏内に入ってそのストレスからは解放されたものの、私は依然パートナーに出会えませんでした。恋愛経験を重ねても重ねても重ねても、ゴールにはたどりつかない。

「恋愛なんてもうたくさん、恋愛の存在しない世界に行きたい、それって性別のないナメック星？」と宙を仰いでいたところ、彼女いない歴＝31年の夫に出会ったのです。

　この夫も「オタク、きもーい」と女子に嫌われてきた人物。彼はそんな女子に陰毛をちぎって投げつけていたそう。「あいつらのせいで陰毛が減った」と今も文句を言っています。

こうして夫は「どうせ女なんて」と女嫌いに成長し、おまけに貧乏だったため「どうせ俺なんて恋愛も結婚もできない、孤独死して無縁仏になるんだ」と覚悟を決めていたんだとか。

そんな我々が出会って結婚した。出会った当初、夫はデート商法の疑いを抱いてたそうですが。

結婚7年目。私は毎晩夫の寝顔を見ながら、しみじみと幸せを感じています。夫も家に帰るのが楽しみになったと言います。明るい未来を想像できるようになったと。

「誰もひとりでは生きられない」とガンダムの主題歌も歌ってますが、ひとりで生きていける人もいます。でも、私はそんなに強くなかった。ひとりで生きるのは寂しくて心細かったし、誰かと支え合って生きたかった。自分のことを気にかけて、いつも味方でいてくれるパートナーがほしかった。

私も夫も結婚して人生が変わりました。同様のメールを『59番目のプロポーズ』の読者から多数頂きました。「オタクの夫に愛されて幸せです」という女性や「最愛の伴侶に巡り合えた」というオタク男性たちから。同時に「恋愛のやり方がわからない」という相談メールも多くもらいました。

そこで私は「オタクがオタクとして幸せになれる世の中を作るのだ」と考え、オタク向けの恋愛コラムを書き始めました。その連載に加筆修正を加え、1冊にまとめたのが本書です。

連載当時、読者から様々な感想が寄せられました。たとえばこんな感想。

〈アドバイスに従い行動し続けた結果、女性との接点が以前とは比べものにならないくらい増えました。やっぱり女性と話をしていると、胸がときめいて楽しいもんですね。アルさんに出会わなければ、この楽しみを知らずに人生を終えていたかもしれません〉

宗教の喜びの体験みたいでアレですけども。でもコラムの内容を実践して「彼女ができた」「結婚できた」と嬉しい報告も頂きました。

恋愛能力を身につける努力は、意外と楽しいものなのです。時には試行錯誤もあるけれど、自分の成長を実感する過程には、喜びもあります。

私はオタクを恋愛市場に引きずり込もうなどとは、1ミリも思ってません。「少子化少子化うっさいわ」という人間なので。恋愛も結婚もしたくない人は、もちろんしなくていい。「したいけど方法がわからない」という人に、この本が届くことを願います。

〝モタク〟はモテるオタクの略ですが、誰もかれもにモテるという意味ではありません。好きな人に好かれるオタク、そんな恋愛能力を持てるオタクになりましょう、という想いでタイトルをつけました。

それでは「モタク」への第一歩、始めましょう！

モタク　モテるオタクになる恋愛ガイド　目次

第3章　シミュレーション、経済編　119

第4章　セックス編　167

カバーイラスト●犬
本文イラスト●久井めぐみ
ブックデザイン●富岡洋子

第1章

コミュニケーション編

女性の好感度を上げるポイント

会話はキャッチボールで

その昔、私は携帯の着ボイスを『間違いない、メールだ！』というアムロの声にしていました。近所のバーで飲んでる時、その声を聞いた夫が「アムロか?」と振り向いたのが、私たちの出会い。そこから「なんでその着ボイスなんですか?」「どのガンダムを観てました?」「へえ、ザクレロが好きなんですか」と会話が弾んだ。

でもそれ以前も、アムロの声に反応したオタクの人々はいたのです。

彼らは私が「ガンダムが好き」とわかると、おもむろに壮大なロボットアニメ史を語り始めたりしました。「いや私ガンダムとイデオンくらいしかわからないし、ボトムズがどーのとか言われても」というこちらの戸惑いは無視して、早口で一方的にしゃべる。「ボトムズ見ずにガンダム語っちゃダメでしょ」とか言う人もいて「語ってるのはあなたよ?」という言葉を飲み込みました。

彼らに悪気はなく、これは「得意分野だと語らずにいられないオタクの癖」なのでしょう。しかもガンダムを好きな異性に出会う機会など珍しいため、ここぞとばかりに張り切ってしまった。

けれども、壁打ちはいけません。会話はキャッチボールじゃないと。

私は「詳しいですね〜」と相槌を打ちながら、「この人は私じゃなく壁に向かってしゃべってるんだな」と思った。言葉をやりとりするんじゃなく、一方的に投げているだけだから。

女は「一緒にいて楽しい人と付き合いたい」と言います。これは**会話のキャッチボールを楽しめる人**という意味。けれども、男性はオレオレトーク&自慢トークをしがち。オレオレトークとは、一方的に語られる俺の話。自慢トークとは「俺ってすごいでしょ！　詳しいでしょ！」的な話。女はそれらにうんざりしてます。女は人の話を聞かない男や自慢する男、ウンチクをひけらかす男が苦手なのです。

私が夫に好印象を持ったのは、ガンダムに詳しかったからじゃなく、会話のキャッチボールができる人だったから。

ちなみに夫は20歳の頃、引きこもりで人と会話ができなかったらしい。そこで散髪屋のオッサンから会話の練習を始め、ＴＶで月亭八方と山田雅人のトークを研究した。「トークには間が重要なんだな、相手の話を聞いた上で発言すべきなんだ」「相手の言葉を否定せず、まずは好意的に受け止めるべきなんだ」と学んだそうな。

月亭八方と山田雅人を手本にしたのは正しい。お笑い芸人の真似をして毒舌を吐く人もいますが、大抵はムッとされます。プロじゃないんだから、毒舌で人の心をつかむなんて無理なのです。

一方、友人の山田くん（彼女いない歴=年齢の27歳）の場合。

彼もバーで出会った友人で、漫画・アニメ・ゲームを愛するオタク青年。幼い頃、『ロードス島戦記』でオタクに目覚め、好みのタイプは『サクラ大戦』のマリア・タチバナという会社員。

彼はもともと口下手で女性に苦手意識があり、恋愛と縁のない人生を送ってきました。が、「家で『メガストア』（エロゲー雑誌）を熟読する日々はもう嫌だ！ 彼女がほしい！」と決心。

そんな彼のために、私は女子2人を呼んで飲み会を開きました。

以下、その時の会話です。

女子「山田さんはどんなお仕事されてるんですか？」

山田「僕は人材系の会社に勤めてます、○○さんは？」

女子「私はショップ店員です。若い女の子向けの服を売ってるんです」

山田「…………」

沈黙。

山田くんの気持ちもわかるのです。若い女の子向けの服と言われて「わかんねえ！」と頭が真っ白になってしまった。かと思えば、別の女子が「私は事務系のOLなんですけど転職したくて、資格でも取ろうかなって」と言った瞬間、

「でも資格があっても今は厳しいですよ？ 僕の会社に面接にくる人も資格をアピールする人が多

いけどーのこーの」と一方的にしゃべり、いきなり相手の言葉を否定するという失敗も。

これも気持ちはわかるのです。自分の得意分野の話になり、チャンスとばかりに食いついてしまった。それがチャンスどころか、好感度を下げる結果に。

ゲストじゃなくホストの姿勢

飲み会の後、「僕は話すのが下手だから」とうつむく山田くんに「キミは話すのが下手なんじゃない、聞くのが下手なの」と私は言いました。

男性は会話を盛り上げようとして、頑張って話そうとします。でもモテるのは話せる男ではなく、聞ける男なのです。世の中に、人の話を聞ける男性は少ないから。

「女性と会話する時は〝**ゲストじゃなく、ホストの姿勢**〟を心がけること」と私は山田くんに言いました。

アル「そのためには、トークじゃなく**リアクション**を磨くこと。山田くんは、軽部さんをお手本にするといい」

山田「軽部さん？」

フジテレビの軽部真一アナウンサー。山田くんは見た目も軽部さんに似ています。彼を目指して、

トーク番組のホストになったつもりで女性と会話するのです。
たとえば「若い女の子向けの服を売ってるんです」と言われたら、

山田「へえ、若い女の子向けの服ですか。僕はあんまり詳しくないけど、お店で働いてたらいろんなお客さんが来るでしょう？」
女子「来ますよ～。この前なんかこんな変わったお客さんが来て……」
とお客さんの話で盛り上がる。
山田「お客さんは、若い女の子以外にも来るんですか？」
女子「たまーにすっごいおばちゃんも来ますよ！」
山田「へえ、どんなおばちゃん？　何歳くらい？」
女子「私の母親くらいの年なんですけど、ギャルっぽい服が大好きみたいで……」
と、そのおばちゃんの話で盛り上がる。
山田「いろんなお客さんが来るんですね～。男性客はまったく来ないんですか？」
女子「それがこの前、女装の人が来たんですよ！　あと店員の写真を撮ろうとするファンみたいな人もいて、あんまりしつこいから警備の人を呼んで……」
以上は、実際に私が女子相手に繰り広げたトークです。リアクション次第で、ここまで会話はふくらむのです。このように会話のキャッチボールをしながら「僕も仕事で面接するんですけど、やっぱりいろんな人が来て……」と自分の話に繋げるとよし。

要するに、**ヒアリングベース（聞き上手）**でいくと会話は広がる。オタクは「自分の知らないジャンルは話せない」と考えますが、それは「自分が話さなきゃいけない」と思い込んでいるため。トーク番組のホストになったつもりで、**ゲストから話を引き出せばよいのです。**

「共通の話題がないと話せない」と考えるオタクも多いですが、共通の話題などいくらでも作れます。たとえば「土日はお休みですか？」と相手に質問する。そこから「休みの日は何してるんですか？」とヒアリングして、相手が「ご飯を食べに行ったり、カラオケに行ったり」という答えなら「どんな店に行くんですか？　カラオケは何を歌います？」と会話を広げていく。

「映画は観に行きますか？」という質問から「最近は何観ました？」「オススメの映画はあります？」と話を広げることもできるし、「僕は海外ドラマをよく観るんですけど」と別の話題に展開していくことも可能。すると後日〈あの映画、僕も観ました！〉とメールを送ったりと、その後のやりとりにも繋げやすい。

「休みの日は何してるんですか？」は、会話の糸口になります。その質問から相手の興味のあるジャンル（趣味・習い事・スポーツ・旅行・ペットなど）を探っていけば、共通の話題を見つけやすい。

ただし、形式的に質問するんじゃなく、相手に興味を持つことが肝心。「会話をスムーズにしたいから」じゃなく「あなたのことを知りたいから」という姿勢で臨みましょう。自分に興味を持って話を聞いてくれる人には、誰もが好感を持ちます。それによって相手も「この人のことをもっと知りたい」と思うのです。

ヒアリングベースで接すれば、好感度は上がります。なおかつ、相手がどんな人かもわかる。相手の考え方や好みを知ることで、どうアプローチすべきかも見えてくるのです。

皆さんも明日から軽部さんを目指しましょう。「軽部さんならどう返すか？」を想像しながら会話してください。

たとえば軽部さんなら「資格なんか取っても無駄ですよ」みたいなことは口が裂けても言わない。「へえ、どんな資格ですか？」「若いのに将来のことを考えてて偉いですね」とトークを進めていくでしょう。**ゆったりと穏やかで、落ち着いた口調で。**そういう口調でしゃべることで相手もリラックスできて、「この人は話しやすい」と感じるのです。

女慣れしてない男性は早口で一方的に話したり、小声でボソボソと話してしまいがち。ＴＶで軽部さん（及び男性の局アナ）の話し方を研究して、練習してください。

一方、山田くんはガブガブと焼酎のグラスを空け、「黒霧島おかわり！」と自分のお酒だけ注文してました。これもホストとしてあるまじき行為。「グラス空きましたけど何か頼みます？」と相手に一言聞くことで、好感度は上がるのに。

「僕、女の人に慣れてないからテンパっちゃって……」と落ち込む山田くんに「キミは普段からそんなもんだ」と追い打ちをかける私。

私は山田くんに「何か頼みます?」と聞かれたことは一度もない。私はいつも山田くんに聞くのに。それに、彼は普段から人の話を聞きません。

誰かが「仕事が忙しくてさあ」と言うと、「あー俺も新しい案件がどーのこーので」とオレオレトークを始める。「忙しいのか、大変だな、休みもないのか?」という気づかいの言葉もかけない。

結局、普段の態度が異性の前でも出てしまうのです。女性の前でだけ感じよく振る舞おうとしても、ボロが出ます。常日頃から本書に書かれたポイントを心がけてください。

女は「ひたすら聞き役になってほしい」「すべての発言に同意してほしい」と望んでいるわけではありません。自分の言葉を受け止めた上で、返してほしい。キャッチボールを望んでいるのです。

資格の話になった時も、相手の言葉を「なるほど、そうなんですか」「これこれこういう状況なんですね?」と相槌を打ちつつ受け止めたうえで

「僕も仕事でよく面接するんですけど、現実はけっこう厳しくて……」

と意見を返せば、「頼りになる人だな、また相談に乗ってもらおうかしら」と相手は思ったはず。

「オタクだからじゃない、コミュニケーションに原因があったんだ!」と気づいた山田くんに「さすがは私の見込んだ坊やだけのことはある」と微笑みながら、駄目出しはまだ続きますよ?

以前バーで飲んでいた時、『ジョジョの奇妙な冒険』が好きだという女子に出会いました。山田くんもジョジョが好き、とっても好き。「魂を！　賭けよう！」などとよく口走ってる。そして彼は魂を賭けて100巻分ぐらいジョジョの話をしました。

アル「あの女子の目が虚ろになってたの、気づかなかった？」

山田「気づきませんでした、自分がしゃべるのに夢中になってて……」

その女子は可愛かったしジョジョの話もできたので、山田くんの胸はときめいたのでしょう。異性と接点の少ない男性は胸ときめく相手に出会った時、いつも以上に失敗してしまいがち。腹ペコの状態でご馳走を出された時のように、がっついてしまうから。

「山田くんの態度は**ろくに前戯もせず、いきなり挿入する男**と同じだよ？」という私の言葉にズキユゥゥゥン！　とショックを受ける山田くん。ちょっと厳しすぎたかもしれません。

でもあえて言おう、オナニーであると！

自分の得意分野について語るのは気持ちのいいもの。その気持ちよさに夢中になると、相手の反応が見えなくなる。女はオレオレトークに慣れているため「そうなんですか〜」と聞いてくれます。「すごいですね〜」と感心もしてくれる。それはセックス中、感じているフリをするのと同じ。「気持ちよさそうだし、サービスしてあげよう」と親切心でやっている。でも心の中で「また自分さえ気持ちよければいい男かよ」とうんざりしている。

それを理解して、会話もセックスと同じくインタラクティブ（双方向・対話型）に進めること。自分だけじゃなく、相手は気持ちいいのか？　と相手の立場で考えることが大切です。

「悔しいけど、僕はオナニー野郎なんだな……」と噛みしめる山田くん。

周りの男友達は「若い頃、デートの前には必ずオナニーして行った」と語ります。これは大変よい心がけ。事前に抜いておくことで、デート中にがっつかずにすむから。

山田くんも2ちゃんねるやオタク仲間の前で好きなだけ抜いて（語って）、女性の前でがっつかないようにすれば、モタクになることが可能です。恋愛能力を高める一番の秘訣は、コミュニケーションを学ぶこと。引き続き、そのポイントを説明していきましょう。

・会話のキャッチボール（一方的にしゃべらない）
・ゲストじゃなくホストの姿勢（相手から話を引き出す）
・ヒアリングベース（聞き上手を心がける）
・ゆったりと落ち着いた口調で話す

女が求めるのは、理解と共感

男と女の一番の違いは、「男は解決を求め、女は共感を求める」という点。

たとえば、彼女が仕事の悩みを話したとする。そこで彼氏は「一度上司に相談してみたら？」とすぐに結論を言いがち。すると女は「ろくに話も聞かずに、なによ！」と頭にくるのです。「そんなこと、言われなくてもわかってるわよ！」と。

女は解決してほしいんじゃなく、気持ちを理解・共感してほしい。しっかり話を聞いて「うんうん、それはつらいよな、わかるよ」と共感してくれたら、それだけで癒される。「話を聞いてくれてありがとう」と感謝して、「よし、頑張ろう！」と勝手に立ち直るのです。

そもそも他人の一言で解決するくらいなら、悩んでいないわけです。それを「こうすれば？」とさくっと言われると「なんでちゃんと聞いてくれないの？　話を聞くのが面倒くさいの？　私のこと愛してないの？」と思うのですね。

一方、彼氏としては愛してるからこそ役に立ちたい。だから解決策を言ってるのに「もういい！」とキレられて「なんだよ、八つ当たりかよ、ほんと女って感情的だよな」と頭にくる。

……という話をコラムに書くたび「だからいつもケンカになるのか!!」と男女から大きな反響が寄せられます。

「男は解決を求め、女は理解・共感を求める」

この違いさえ知っていれば、すれ違いは避けられるのに。ACのコマーシャルで流してはどうか。またはAKBか嵐にそんな感じの歌を歌ってもらう。

巷の恋愛本には『女は共感を求める、だから会話では同調に徹すること、自分の意見は言わないこと』と書かれてますが、これは間違い。それだと「何も考えてないバカ」だと思われます（頭のいい女性には特に）。

女だって相手の意見は聞きたいのです。ただ意見を言う前に、最後まで自分の話を聞いてほしい。真剣に耳を傾けて「そうか、そんな仕事の振り方はひどいよな、やる気もなくすよな」と理解・共感してほしい。その上で「もっとこうすれば？」と意見を言われたら、素直に聞くし感謝もする。「なんて優しくて器の大きい彼氏なんだろう、この人を大切にしなきゃ」と実感するんですね。

巷の恋愛本には『反対意見は絶対言うな』とも書かれてますが、そんなバカなことがあるものか。女をバカにしとるのか。

女はイエスマンを求めているわけではありません。偽りのない本音で話したいと望んでいる。ただ頭ごなしに否定する人や、言い方が一方的・独善的な人が嫌なのです。

皆さんも嫌じゃないですか？　人それぞれ意見があるのに「それは違う！　これが正しい！」と言われたらムッとしますよね？　「なるほどな、それも1つの考え方だけど、俺はこう思う」と言われたら、素直に聞く気になるでしょう。

女はそんな言い方が得意です。「そっか、○○ちゃんはそう思うんだね。それは私もわかるんだけど、ただこんな考え方もあるかなって」とやんわりと意見を返す。

「脳の作りの違いから、男よりも女の方が言語能力が高い」と言われますが、まあ全体的にはそうなんでしょう。だからケンカになると女はエディ・マーフィーのように言葉を浴びせ、男は無言でガツッと壁を殴る、ってな光景がよく見られる。

言葉が得意な女は、おしゃべりが大好き。女の話には結論がないと言われますが、女は結論なんて求めてません。たわいのない会話、「ナントカだよね～」「うんうんナントカだよ～」といった会話が心底楽しくて癒される。だから「意味のある会話をせねば」と気負わず、リラックスして言葉を受けたり返したりしましょう。

温泉のエアホッケーと同じです。誰もエアホッケーに意味など求めないし、勝敗にもこだわらない。やってて楽しいからやる、ただそれだけのこと。

女は理解と共感を求める&たわいのない会話を楽しんで癒される。この2つを知っていれば、恋愛能力はマグネットコーティングばりにUPします。

読者の方から報告が届いたので、紹介しますね。〈今まで女性と縁がなかったけど、コラムの内容を実践して彼女ができた〉という30代男性からのメール。

〈彼女は私に出会った時「リラックスして話しやすい」と感じたそうです。これもコラムのアドバイスを頭に叩き込み、オフ会などに行って会話の練習をしたおかげです。場数を経験するのも必要かもしれません。だから彼女の前で落ち着いていられたんでしょう。

最近、彼女に「本当に優しいよね」としみじみ言われました。私は高価なプレゼントや高級レストランでご馳走とか車での送迎など、一度もやったことがありません。それでも「優しい」と言ってくれる。

これはきっと彼女と会話する時、私がつねに「理解と共感」を意識しているからではないでしょうか。「これって本当なんだ！　女子って理解と共感ができる男を高く評価するんや！」と今さらながら驚いている今日この頃です〉

というメールを読み、ハタハタと涙するアルテイシア。こんなに嬉しいことはない……。

高価なプレゼントも高級レストランもニュータイプ能力もジオングの足も必要ない、女が求めるのは理解と共感。皆さんも彼女を作って「優しいよね」としみじみ言われてくださいね！

「また会いたい」と思わせるには？

会話は気合いよりもテクニック

「オタクのやりがちな失敗、全部やってました！」と元気いっぱいに登場したのは、当連載担当のマスオさん（32歳）。

彼も筋金入りのオタクで、中でもプロレスへの情熱が並じゃない。マスクマンに憧れているそうなので、マスオさんと呼ぶことにしました。

そのマスオさんと打ち合わせ中、「女心を瞬殺する必殺技！　とかないですかねえ？」と聞くので

「そんなコロニー落としみたいな技ありませんよ、小さな積み重ねが大事です」と答えました。

すると彼は「そっか、大技志向はダメなんですね。ちなみにロード・ウォリアーズと長州力以前のプロレスは……」と早口で一方的に話した後で、

マスオ「僕、本当にモテないんですよ」

アル「そのようですね」

マスオ「コラムを読んで、恋愛にはテクニックが必要だとわかりました……でもなあ」

アル「でも？」

マスオ「オタクには恋愛＝純粋なものって憧れがあるから、テクニックとか言われると引いちゃうというか……本気で相手を愛してたら、想いは伝わるんじゃないかって」

アル「軟弱者ッ！」

出ました、軟弱者ビンタ。しかし殴られもせずに一人前になった奴がどこにいるものか。

「愛さえあれば、想いは伝わる」

これは格闘技に喩えると「気合いさえあれば、試合に勝てる」になります……と言うと、カッと目を見開くマスオさん。「ですよね！　技術という裏付けあっての気合いですもんね！　ろくに練習もせず『気合いで勝つ』なんてバカですよね！」と早口でまくしたてる。

アル「私の書いてるテクニックは恋愛のカケヒキじゃなく、相手に想いを伝えるため、うまくコミュニケーションするための技なんです」

マスオ「ですよね！　大技を極めるには間のつなぎ方、技にたどりつくまでの技術を磨かねば……」

というオレオレトークはおいといて。女性とうまくコミュニケーションするには、正しいテクニックを学ぶこと&女性心理を知ることが必要です。それに「好きだー!!」と気合いが入りすぎると、緊張して話せなくなったり、頑張りすぎて空回りしてしまう。

恋愛初心者は「異性とリラックスして楽しく会話できること」を目指してください。そのために技を学んで、**スパーリング（会話の練習）**を重ねましょう。

スパーリングには、オフ会やバーなどが最適です。一期一会の相手であれば「失敗してもいいや」と開き直れるから。読者からこんな報告を頂きました。

〈先日、オフ会デビューを果たしました。当日になって緊張もあり、バックレちゃおうかな〜という気持ちと戦い、なんとか出席。他人がどんな風に女子に話しかけているのか観察しました。そしたらオレオレ話をする男が続出（笑）。目の前の女の子に「大変ですねぇ」と言葉をかけたら、苦笑を浮かべておりました。僕自身は同じテーブルの女子数人とヒアリングベースで会話することに成功。ひとまずの目標は達成できたと思います。また別のオフ会にも行ってみます！〉

このように、皆さんもスパーリングに出かけてください。始めは緊張するけど、回を重ねるごとにどんどん度胸がついてきますよ。

てなわけで、私は友人の山田くんにスパーリングの場を用意しました。再び新規の女子を呼んで、飲み会を開いたのです。

前回の失敗で「僕はオナニー野郎なんだな」と噛みしめた山田くん。ゲストじゃなくホストの姿勢・ヒアリングベースなどのポイントを胸に刻み、普段から心がけるようにしたんだとか。

「でもそれだと、ただの聞き役で終わっちゃいそうで」という山田くんに「事前にネタを用意しよう」と私は言いました。

好感度の高いネタを用意

プロのお笑い芸人も、本番前に話すネタを用意します。女慣れしてないオタクはもちろん、事前に用意した方がいい。それにネタをいくつか持っていれば、いろんな場面で使い回せます。

女性の好感度の高いネタは、幼少期〜学生時代ネタ・家族（ペット）ネタ・失敗ネタなど。

人間誰しも幼少期や学生時代を過ごしてるし、家族もいるし、失敗した経験もある。ゆえに会話がふくらみやすいのです。たとえば「子供の頃、ジャングルジムでケガして何針縫った」「ドロケイやっててドブに落ちた」とか。これだと「私もこんなケガした」「うちの地域ではケイドロと呼んでた」「こんな遊びが流行ってた」など、なんだかんだ会話が弾みます。

家族のとぼけたお茶目な言動なども、ほっこりと場が和みます。ちょっとした失敗談も、女受けがいいもの。女は自慢する男やカッコつける男が嫌いなので、失敗を話すことで「気取ってなくていいな」と好感度が上がるのです。

会話が上手い人の特徴は、**エピソード**を語ること。仕事の話でも「僕はこれこれこんな仕事をしてます」と説明されても相手はよくわからないし「そうなんですか」と返すしかない。

一方、「社内でこんな事件があって」「こんな変わったお客さんがいて」「こんな失敗しちゃって」とエピソードを語れば、相手も興味を持つし「うちもこんな変わった上司がいて」と参加もできる。

エピソードの引き出しを増やすように心がけてください。

また、ネタを考える際に注意すべきは、**マイナスな印象**を与えないこと。「こんな変わった人がいて」系のネタでも、そこに悪意・中傷・差別が含まれてはいけません。毒舌や下ネタが苦手な女子もいるので、あくまでくすっと笑えるほのぼの系の話にすること。

失敗系のネタも、自分の評価を下げないように。「僕はこれができない」系のネタ（例＝ゴキブリを退治できない）も人によっては「頼りない」と感じます。本人は自虐のつもりでも、卑屈と受け取る人もいます。

自虐には特に注意してください。恋愛慣れしていない男女は自虐ネタ（＝駄目アピール）に走りがち。というのも、駄目アピールは同性には受けるから。

たとえば女性が「まったく料理ができない」「飲みすぎて大失敗した」系のネタを語ると、同性には「モテを狙ってなくていい」と好印象を持たれる。でも男性はその場では笑っていても「自分の彼女が料理できなくて酒乱だったら嫌だ」と考える。

同様に男性が「自分はこんなにバカでだらしなくて不甲斐ない」と駄目アピールすると同性には受けるけど、女性には「この人を彼氏にするのはちょっと……」と敬遠されるのです。そのへんのさじ加減がわからない人は、失敗ネタは避けた方が無難でしょう。

会話があまり得意じゃない人は、あたりさわりのない人畜無害なネタを心がけること。毒舌や自虐などの変化球は、よほど得意な人じゃないとうまく投げられないから。

デリカシーのない人は嫌われますが、これは想像力のなさが原因。その発言によって傷つく人や不快に思う人がいないかを想像できないんですね。まあデリカシーがないのは中高年の男性に多いので、皆さんは大丈夫だと思いますけど。

悪意・中傷・差別はもちろんNGだし、政治・宗教・病気も繊細なテーマなので避けた方が無難。相手がどんな事情を抱えているかわからないから。結婚・出産も繊細なテーマです。世の中には結婚・出産したくても事情があってできない人もいるので、発言には気をつけましょう。

お金や性についてデリカシーのない発言をする人もいます。看護師の女性から〈男性に『高給取りでしょ、いくらもらってるの』『ナースプレイいいな〜』とよく言われ、そのたびに血管が切れる〉とメールを頂いたこともあります。想像力さえあれば、こんな発言は出ないだろうに。

私も男性から「東南アジアで少女買春にトライした」的な話をされることがありますが、「テメエみたいな男がいるから貧しい少女が風俗に売られるんだよ！」と半殺しにしたくなります。その発言で傷つく人や不快に思う人がいないかを、つねに考えてくださいね。

さて。私は飲み会の前、山田くんのために使えるネタを考えました（就職指導官の心境）。

たとえば大学時代のバイトの話。彼はクリスマス前にケーキ工場でバイトしたのですが、材料のイチゴをつまみ食いしまくったところ、食中毒になってしまった。それで「さんざんなクリスマスでしたよ～」とズッコケエピソードを語れば、女子にくすっと笑ってもらえます。
「そうなのか、食中毒になってよかった……」と胸を撫で下ろす山田くん。
アル「あと妹ネタもいいと思うよ。山田くんの妹って変わってるんでしょ？」
山田「はい、僕はあの妹のおかげで、妹萌えだけはないんです。義妹《ぎもうと》萌えはあるけど」
アル「それは聞いてないから。だったらまず相手に『兄弟いますか？』と質問しよう。この質問なら誰でも答えられるから。それで相手の話を聞いた上で『僕には妹がいるんですけど』と続ければ、スムーズに会話が進む」
山田「わかりました、頑張ってネタを考えます！」
して、いざ本番はというと。女子に対して「兄弟はいますか？」と質問した山田くん。
女子「うちは兄がいるんですけど……（兄の説明）」
山田「へえ、仲はいいですか？」
女子「今は仲いいけど、昔はケンカしましたよ～」
しばし、兄弟ゲンカの話で盛り上がる。山田くんも「子供の頃、妹に『コロコロコミック』の角で殴られた」と返して「あれってかなり分厚いですよね？」的なキャッチボールで、順調です。
その後、山田くんは「僕の妹は変わってて、親父とケンカした時に怒って風呂の湯船に食パンをちぎって浮かべたんです」とネタを披露。

女子「えっ、食パンを？　なんでまた！」

山田「僕もわからないんですけど、他にも妹はこんなことをして…（略）…そのたびに親父に見つからないように必死でフォローしました」

というトークに女子はくすくす笑いながら「妹思いのお兄さんなんですね、いいなあ」。

や、山田くんの好感度が上がっている……！

セコンドとして拳を握る私。そう、山田くんはやればできる子なのです。今まではやり方がわからなかっただけ。その後も「今までどんなバイトしました？」と会話を広げ、食中毒のネタで笑わせ、しっかり会話のキャッチボールをやりとげました。

飲み会後、「楽しかったです、また一緒に飲みましょうね！」と女子に言われ、連絡先も交換していました。前回の飲み会とは、相手の反応がまるで違う。

「よくやった！　ジオン十字勲章ものだぞ！」と私は大いに彼を労いました。すると「女性と話すのが楽しくなってきました……オラ、なんだかワクワクしてきたぞ」と悟空になっとるやないの。

そこから山田くんはどんどん進化していったのです。恋愛能力を持てるオタク、モタクへと。

恋愛はトーナメント方式

……という話をマスオさんにすると「ぎぃぃ、羨ましいぃ」とDDTのTシャツを噛んでいる。

マスオ「で、山田くんはその女の子と付き合うんですか⁉」

アル「だから、それが前のめりなんです。山田くんは1回戦を突破したんですよ。恋愛はトーナメントなんです」

マスオ「ととトーナメント？」

オタクは初対面で「相手に好かれたい、付き合いたい」と思いがち。女性と接点が少ないぶん、前のめるんですね。けれども、初対面は相手に「いい人だな」「今日は楽しかったな」と思わせるべきなのです。

基本的に、女は初対面で「好き、付き合いたい」とは思いません（理由は後述）。初対面で相手の印象がよくて会話が楽しければ、「また会いたい」とまず思う。それで2回目のアポに繋げる。その後デートを重ねながら、最終的に「好き、付き合いたい」と思わせるのが正解。

マスオ「ワンマッチのヘビー級チャンピオンシップじゃなく、無差別級グランプリなんですね！」

アル「言葉の意味はよくわからんが、まあそうです。一試合ずつ勝ち進んでいく、つまりデートのたびに楽しかったと思わせて、好意を積み重ねていくんです」

そのためには、目の前の試合に集中するのが大事。デートのたびに「脈はあるの？　ないの？」と一喜一憂していたら、集中力が切れてしまう。Zガンダムのヘンケン艦長も言っていたように、

「脈を作るのが男の甲斐性」。

デート中、女性はあなたの言動を見ています。あなたの言動に好感を抱くたび、脈が作られていく。一緒にいて楽しければ「この人と付き合ったら楽しいだろうな」と未来のイメージをふくらませる。

ここが男女の大きな違いです。それについて説明します。

恋愛はなぜワンマッチじゃなくトーナメントなのか？　それは「お互いに一目惚れ」なんてシチュエーションがまずないから。

それはドラマや漫画の話であって、ほとんどの恋愛は「いずれかの片想い」から始まります。先に好きになった方が努力して、相手に振り向いてもらうのです。

俳優の松山ケンイチも「小雪さんは自分みたいなひよっこは相手にしてくれないと思ったから、頑張った。すんなりはいかなかったけど、大切で必要な人だったから」と結婚会見で語ってました。

片想いから頑張って両想いになる、これがリアルな恋愛です。

そして恋愛においては、男は一目惚れで好きになるパターンが多い。女は相手をよく知ってから好きになるパターンが多い。

乱暴に言うと、男はぱっと見の第一印象で「恋愛対象か否か」を判断する。これは脳よりも精巣が判断してる気がします。性欲を司る男性ホルモン（テストステロン）が「ゆけ！」と号令を出すのでしょう。一方、テストステロンがごく微量しかない女は、脳みそで判断する。ゆえに「好きかどうか聞かれても、まだあなたのことよく知らないし……」となる。

個人差はあるし、男＝金玉と言っているわけでもありません（そういう男もいるけど）。ただ周りを見ても「話したこともないのに好きになる」のは圧倒的に男が多く、「最初は好みじゃなかったけど、何度も会ううちに好きになる」のは女が多い。

私も夫と初対面で「付き合うことはないな」と思いました。でも時間を重ねる中で彼の良さがわかり、少しずつ恋心が芽生えて……と書くと美談ですが、実際は殺されるかと思いました。

夫に「付き合うのか付き合わないのか、ハッキリしろー!!」と『24』のジャック・バウアーのように尋問され、こっちも負けじと「それを判断するために今会っとんじゃー!!」と怒鳴り返し。

夫は「その気がないならなぜデートする!?　俺を弄ぶつもりか！」と憤っていたらしい。でもこちらとしては、その気になるか確かめるためにデートしていた。相手がどんな人間なのかよく知って、恋心が芽生えるのか自分でも知りたかった。

私は「そんないい加減な気持ちで付き合えるか!!」と何度も言いました。なぜなら、男は**「付き合う＝ゴール」**と考えるけど、女は**「付き合う＝スタート」**と考えるから。

男は「とにかく付き合えりゃＯＫ」と考えるけど、女は「付き合ってうまくいくの？　末永くいい関係を築けるの？」と未来について慎重に考える。

太古の昔から男は「マンモスさえ獲れりゃＯＫ」と狩りに出かけたのでしょう。一方、女は「このマンモスの肉を塩漬けにしてジップロックで保存すれば何ヵ月はもつわ」と獲った後のことを考えていた。

デート中、彼女はあなたの言動を見ながら「この人と付き合ったらどうなんだろう？」と未来を想像しています。松ケンやヘンケンのように、頑張って脈を作ってください。

間違っても「今すぐ答えを出せー!!」と尋問してはいけませんよ？　私のように「この人ヤバい、でもこのヤバさが面白い、かも」と考えるモノ好きは少ないので、真似しないように。

夫に「あの時はさんざんだったよ」と言うと「それは女の責任だ、世の中にクソ女が多いから」という答え。こんな女嫌いでも恋愛できるんだと、少しでも励ましになれば……。

- **好感度の高いネタを用意する**
- **目の前の試合（デートや会話）に集中する**
- **脈は探るものじゃなく、作るもの**

女心をつかむコミュニケーション

別キャラを目指さない

担当マスオさんと、イタリアンレストランで食事した時のこと。

「この前、飲み会に行ったんですよ。盛り上げようとテンションを上げてしゃべったんですけど、女性陣の反応はクールで」とうなだれるマスオさん。

アル「うーん、きっと痛いと思われちゃったんですね」

マスオ「痛い……それは僕のトークが下手だから？」

アル「いいえ、無理して別キャラを目指したから。人間って無理してる空気に敏感だから、別キャラを目指すと痛いと思われるんです」

もともとテンションの高くないマスオさんが、盛り上げ役になろうと張り切った。それは初老の上司がカラオケでエグザイルを歌うようなもの。音程もリズムも合ってないのに「若い子に受けようと無理しちゃって、痛いなあ。『マイウェイ』でも歌っとけばいいのに」と思われてしまうのです。

オタクは「素の自分ではモテない」と考えて、別キャラを目指してしまいがち。ワインのウンチクを語ってみたり、無口でクールを気取ってみたり。でも、それらは確実に失敗します。人は別キャラを目指すと痛くなる。素の自分に恋愛能力をプラスして「今の自分の進化型」を目指すべきなのです。

女は特にカッコつけの男が嫌いなので、カッコつけてはいけません（知識自慢やモテ自慢もNG）。恋愛慣れしてないオタクは、**素朴で飾らない人柄**で勝負すべき。と言うと「ほんとですか～？」と不審顔のマスオさん。「だって女の人って、ガツガツと押しの強い肉食系が好きだし……」。

これもオタクの陥りがちな失敗です。女は押せば落ちると信じて、強引に押して振られてしまう。ここは大切なポイントなので理解してください。多くの女は「ガツガツと強引に押されること」が好きなんじゃなく「ガツガツと強引に押すのを自然にやってのける男」が好きなのです。これすなわち、女慣れしてて自信満々で余裕がある**ナチュラルボーン肉食系。**

オタクがそんな肉食系になれるわけ、ない……（セイラさんの声で）。

同じことを女慣れしてないオタクがすると「必死すぎて怖い、重い」と引かれてしまうのです。だから、男性誌に載っている恋愛記事は罪作り。あの手の記事は100人斬りのナンパ師に取材しますが、100人斬りできる男などほんのひと握り。肉食系の中でもトップレベルの肉食系。そんな彼らは押すだけじゃなく、緻密に計算して押したり引いたりのカケヒキをしています。

あの手の記事を鵜呑みにすると失敗します。ガンダムでいうと、ハヤトはシロッコにはなれない。けれどもハヤトはハヤトらしいやり方で頑張ったから、気立てのいいフラウ・ボゥと付き合えた。フラウ・ボゥはホワイトベースでも一番の働き者だと思うわ。おまけにパンチラ名人でも……そんなことはどうでもよくて。

アル「別キャラに憧れて目指しちゃ駄目って意味、わかりました？」

マスオ「わかりました、無理せず自然体がいいんですね！」

マスオさんはそう言うと、自然体で最近のデスマッチの傾向についてぶっちぎりで語り始めました。その間、せっせとピザやパスタを取り分ける私。「私はワインを頼みますけど、マスオさんは？」と聞くと「あ、ウーロン茶で！」と元気よく答えた後に、

「……ダメだなあ、俺」

とようやく我に返った様子。

「すみません、気のつかい方とかわからなくて」と頭をかくマスオさんに「それはわからないんじゃなく、気をつかう気がないんですよ？」と微笑み、私は彼の顔を指差した。

「それこそあなたのモテない原因です、ドーン！」

想像力と思いやり

「この人と付き合ったらどうなんだろう?」と女はつねに考えています、ドーン！　よって、マスオさんとデートした女性は「全部してもらって当然と思ってるわけ?　この人と付き合ったら母親か家政婦をやらなきゃいけないんだ、そんなのごめんだわ」と思うのです。

マスオ「そっか、僕はダメですね、スマートなデート術とかわからないし……」

アル「だからスマートとかそういう問題じゃないっつの」

さすがの私もイライラしてきましたよ?　女はスマートなデート術といった表面的なことじゃなく、もっと根本的なことを求めています。それは、**想像力と思いやり。**「この人はちゃんと私の気持ちを考えてくれてる」と実感すると、好感を抱くのです。

「でも女の人が何考えてるかなんてわからないし」と不満顔のマスオさん。友人の山田くんも「エロゲーで女の子が喜ぶとピンピロリロン↗って音がして、嫌がるとピロリリーン↘って音がするんです。そんなシステムがあればいいのに」と言ってましたが、そんなシステムはありません。でも、そんなに難しいことじゃありません。相手のことを思いやれば、自然と行動はついてきます。

以前、ブログ『アルテイシアのもろだしな日々』で「彼氏に惚れた瞬間」について意見を募ったところ、こんなコメントが寄せられました。

〈初デートの日は寒かったんですが、彼がダッシュでコンビニでカイロを買ってきてくれて、惚れてしまいました（笑）〉

〈お店の外に出ると雨が降ってて、彼が「濡れちゃうから待ってて！」とわざわざ車を回してきてくれて、感激しました〉

〈食べるのが遅い私に合わせて彼がゆっくり食べてくれてることに気づいて、ぐっときました〉

〈仲間でお花見に行った時、食べ物を持ち寄ったのですが、私の作ったいなり寿司とカボチャの煮物が余ったんです。それを彼が「おいしい、おいしい」って全部たいらげてくれて、その大きな優しさに恋に落ちました〉

いずれも相手の思いやりが伝わるエピソード。「カイロを買う」「車を回す」といった行動ではなく、「風邪をひかせたくない」「雨に濡らしたくない」という気持ちが嬉しい。女は「優しい人が好き」と言いますが、それは表面的な優しさじゃなく、心からの優しさ。

心からの優しさに感激するのは、男女共通です。皆さんも相手の立場になって想像して、自分がされたら嬉しいことを相手にしてください。その想像力と思いやりさえあれば、多少オロオロとしくじっても帳消しになる。むしろ「不器用で可愛い」と評価してくれます。

スマートにピザやパスタを取り分けても、「どうすりゃ点数を稼げるか」と自分のことばかり考えていたら、他で必ずしくじります。

たとえば「女は夜景を見るとロマンチックな気分になるらしい」とデートに夜景スポットを選ぶ男性は多い。夜景自体は間違ってません。が、女はヒールで足が痛かったり、薄着で体が寒かったりする。それを一切考えてくれないと「自分だけ盛り上がっちゃって、なんだかなあ」と感じる。でも、多くの女性は気をつかって言えない。私は「ヒールだし今度にしよ！」とストレートに言うけど、世の女性は遠慮がちなのです。そのため家に帰ってから「今日は疲れちゃったな……」とマイナスな印象が残り、再びデートしたいと思えなくなってしまう。

だから、想像力と思いやりが大事。デートの演出に凝るよりも、**目の前の相手の気持ち**を一番に考えるようにしましょう。

いつ何どきも紳士たれ

女は男の10倍鋭い、と覚えていてください。女は「白いモビルスーツが勝つわ」と予測できる人種。男性の言動を「これは点数稼ぎだわ」と見抜くのです。だから巷の恋愛本にある「女は褒めれば喜ぶ」というのは嘘。それが本心じゃなく点数稼ぎなら、好感度は下がります。逆に女は「男ってなんでこんな鈍いの？　なんでこんな単純なの？」と理解できない。男は「○○さんってすごーい！　カッコいい！」と言われると「そうかなエヘヘ」と素直に喜ぶ。だからキャバクラが儲かる。

一方、女はわざとか本心かを見抜きます。「女は男より察知力や総合判断力に長けている」と言われますが、まあ全体的にはそうなんでしょう。察知力に長けているから、小手先のテクニックは通用しない。心からの思いやりで勝負すべきなのです。

また、総合判断力に長けるとは、バランス感覚があるということ。男は一点集中型、女はバランス型。だから男の方がプロフェッショナルな仕事や、ひとつの道を極めるのが得意（と、男をフォロー）。

デート中、男は目の前の相手に集中しますが、女はバランスよく周りを見ています。よって「店員さんに偉そうな男が一番イヤ」と言うのです。逆に店員さんに親切だと好感度が上がる。

すなわち、脈を作りたければ**「いつ何どきも、誰に対しても紳士たれ」。**

ジョナサン・ジョースターさんに憑依されたつもりで日々の暮らしを送りましょう。最初は付け焼刃でも、ジョジョに紳士な態度が身につきます。それがモタクへの第一歩。

男性に多い失敗が、飲み会などで美人ばかりチヤホヤすること。そんな態度だと女性陣に「なにアイツ」と思われるし、美人にも「なにコイツ」と思われます。

もしあなたがジョナサンであったなら。誰に対しても公平に接するし、遅れて参加した人が会話に入れなかったら「今こういう話をしててね」とフォローするでしょう。その相手が美人でもブスでも男でも。そういう態度がもっとも女心に響くのです。

職場恋愛ではさらに顕著です。プリンターの紙詰まりを直すとか、お土産の饅頭を配られたら「ありがとう」と声をかけるとか。そんな些細なことで、女性陣からの評価は急上昇。

私の会社員時代も、リュウ・ホセイ似の先輩（色黒デブ汗っかき）が事業部一の美人と結婚した際、男性陣は「なぜあんないい女があのゴリラと⁉」と驚いていました。一方、女性陣は「何言ってんのよ、あんないい人いないわよ、いっつも困ってる同僚や後輩のフォローしてあげて」と納得。

女は普段の行いを見ています。そして皆さんが想像する以上に、女の友情は篤《あつ》い。女はいい人がいると「フリーの女友達に紹介しよう」と考える、というかつねに「女友達に紹介できる男はいねが～」とナマハゲのように目を光らせている。

そのため職場でいい人ポジションになれば、紹介話も舞い込む。女は「紹介するなら真面目で誠実ないい人じゃないと」と親目線で考えます。イケメンのチャラ男は選ばず、見た目はイマイチでもいい人を選ぶ。ゆえに女慣れしてないオタクにもチャンスは大いにあります。

以上、「いつ何どきも紳士たれ」と胸に刻んでください。血液のビートにも刻みましょう。

紳士とは、思いやりがあって礼儀正しく謙虚な人物。男から見ても「いい人だな～」と感じる人物。その前提があればこそ、たまに毒舌や下ネタを言っても「ネタ」と受け取ってもらえる。それも覚えていてくださいね。

オタクは塩むすび路線で

「素朴で飾らない人柄で勝負しよう」と先述しました。これは、素材を活かすという意味。ズバリ、オタクは**塩むすび路線**を目指すべき。オシャレなイタリアンやスパイスの効いた料理じゃなく、口に入れるとほっこりして「やっぱ日本人は米よね……」と安心するような塩むすび。

マスオさんとイタリアンを食べていた時、彼がメニューを見ながら「ドルチェって何ですか？」と店員さんに尋ねました。店員さんが「マスカルポーネのティラミスになります」と答えると「へえ、それをドルチェって言うんだ！」と感心するマスオさん。

「ドルチェはデザート全般の意味ですよ？」と小声で教えると「へえ、そーなんですか！」と素で驚いている。その瞬間、私は萌え～となりました。周りの女子に聞いても「それはいいね、萌える！」と同意していた。

カッコつけず知ったかぶりしない、素直で素朴な男に女は弱い。そんな男の前では、自分もカッコつけずリラックスできるから。

女はよく「彼の前では素でいられた」「ありのままの自分を出せた」「だから結婚を決めました」と語ります。生涯のパートナーには、ほっこり安心できる塩むすびを選ぶ。それは「この人となら温かく快適な巣を築けますよ」という本能のお告げかもしれません。

塩むすび路線をジャニーズでいえば、SMAPの草彅、V6のイノッチ、TOKIOの城島リーダー。いずれも草食・和食系。キムタク、森田剛、松岡といった肉食洋食系を好む女性もいますが、前者を好む層も確実に存在します。また「洋食も嫌いじゃないけど、結婚するなら和食でしょ」という女は多い。男が「遊びなら派手でセクシーなギャルもよいが、真剣に付き合うなら清楚で真面目な子」というのと同じで。

素朴で飾らない人柄、真面目で誠実、一緒にいて安心する、ほっこり癒される……これらが塩むすび路線のイメージ。現代女性は「男社会で働きつつ、いい女でいなければ」という呪縛に疲れているため、塩むすびに出会うとホッとする。私は「電車とエルメスもこれでは？」とにらんでいます（あの話が実話だとしたら）。

男は「電車の勇気に乾杯(ﾟ∀ﾟ)」的な感想を抱きますが、あれは終始エルメスがリードしている。女は「よ～っぽど電車のこと気に入ったのね、エルメス」という感想。

年上らしきエルメスは、恋愛で傷ついてきたのかもしれない。女好きのチンカス（チンポでしか物事を考えられないカスの略）に痛い目に遭ったのかもしれない。だから電車の女慣れしてない態度が好ましかった。素直で素朴なリアクションに癒された。食傷気味の胃に優しかった。

私は電車の勇気よりも路線に乾杯！　と言いたい。彼はベストな路線を選んだのです。

塩むすび路線は、女慣れしてないオタクにも違和感なく目指しやすい路線。かつ異性に安心感を与えるため、**初対面**でも仲良くなりやすい。

女は初対面の異性に警戒心を抱くため、強引にがっつかれると引きます。特に恋愛経験の少なさそうな異性にがっつかれると「必死すぎて怖い、重い」と感じる。「女に飢えてるから誰でもいいんじゃ?」と疑いも抱いてしまう。

よって紳士的な態度を心がけ「まずは仲良くなること」を目標にしましょう。親しく会話したりメールしたりご飯を食べに行ける関係になってから、アタックするのがベストです。

紳士的な塩むすびを目指すことで、初対面の女性と仲良くなり、恋愛に繋げることができます。

- **想像力と思いやり**
- **いつ何どきも紳士たれ**
- **塩むすび路線(素朴で飾らない人柄・真面目で誠実・安心する・ほっこり癒される)**

美人と付き合う方法

「美人じゃなきゃ付き合いたくない」と本音では思っている読者もいるでしょう。

これは恋愛経験の少ない人にありがちです。女性でも「三十路すぎて恋愛経験ゼロ」といった人に好みを聞くと「福山雅治みたいな人！」とアンポンタンな答えが返ってくる。

それなりに恋愛経験を積むと「どんなに美人やイケメンでも話が合わないとつらい」「性格が合わないとうまくいかない」と実感します。それによって、見た目重視から中身重視へとシフトしていく。

多くの男性は「うちの彼女は世間的に見れば平凡だけど、俺にとっては世界一可愛い」と言います。妥協しているわけじゃなく、人は好きになると相手が可愛く見えるのです。

初対面ではピンとこなくても、話が合って一緒にいて楽しければ、だんだん相手が可愛く見えてくる。それで付き合って時間を重ねるうちに、世界一可愛く見えてくる……恋とはまあそんなもの。

ですので「俺は理想が高いから」と思い込まず、異性との接点を増やしてください。

とはいえ、男性の美人信仰が強いのは事実。「イケメンは苦手」という女性はわりといるけど（私も苦手、ファイナルファンタジーのCGに見える）「美人が苦手」という男性には出会ったことない。

私はやり手ババアなので、多くの男女に異性を紹介してきました。紹介後、女は「話が合わない、フィーリングが合わない」を理由に断ってくる。男は「いい子なんだけど、見た目が好みじゃない」と断る人が多い。

その際、男の見た目レベルは下の中で、女は中の中ってな場合も多い。つまり「俺は下だけど上と付き合いたいんだー‼」と望む男性が多い。〔冗談ではない！　身の程を知れ！　と言いたくもなるのですが。

男の美人信仰はしかたないのかな〜とも思うのです。『古事記』にこんなエピソードがあります。

ニニギノミコトがコノハナノサクヤヒメという美しい女神に求婚したところ、父親から「ブスの姉もセットでもらってくれ、そのかわり永遠の命を得られるぞ」と告げられる。しかし、ニニギノミコトは拒否する。永遠の命をもらえても、ブスは嫌。神話の時代から、男の美人信仰はかくも強いのです。

ちなみにブスの姉の名はイワナガヒメといって、名前もブスっぽい。妹に花とつけて姉に岩とつけるなんて、この父親もひどい。なにより「ニニギ、感じ悪ぃな」とすべての女は思うでしょう。皆さんも、間違っても人前で「ブスは嫌！　美しい人が嫌いな男がいるかしら？」と本音を言わないように。

同時に私は「女が経済力を求めるのもしかたないかも」と思う。神話の時代から、女は結婚するしか生きる術がなかった。女も自立すべきと言われ出したのはほんの最近で、私たちの親世代もほとんどの女性は夫に養われるしかなかった。

それで「男に経済力を求めるな」というのは「米を食いたがるな」と言うようなもの。「先祖代々、お米を食べてきたのに〜！」と女も叫びたいのではないか。男に経済力を求める傾向が減ってきたのは、不況で養える男が減ったから（「貧乏なオタクでも結婚できる！」参照）。

しかし不況で美人が減ったりはしません。ですので「どうしても美人と付き合いたいんだー‼」という読者のために、美人と付き合う方法を考えてみました。

美人にもいろんな美人がいます。ざっくり分けると「美人をエンジョイしている美人」と「美人をエンジョイできない美人」。前者は「男にチヤホヤされてラッキー☆」と利益を享受しますが、後者は「なんか色々面倒くさい……」と美人に疲れていたりする。

　美人は街を歩けばチャラい男にナンパされ、チンカスや既婚者にも口説かれまくる。よって「男なんていい加減な奴ばっか」「しょせん顔目当てなんでしょ?」と異性に不信感を持つ美人も多い。またコンパでひとりモテしたり、同級生の彼氏に迫られたりと、同性の妬みや恨みを買った経験のある美人も多い。なおかつ美人は一目惚れされやすいので、ストーカー被害にも遭いやすい。

　私の会社の後輩にド美人がいたのですが（若い頃の梶芽衣子に激似）、彼女はいつも地味な服を着て、男に連絡先を聞かれても絶対に教えなかった。「お高くとまりやがって」と男性には思われたでしょうが、彼女は面倒くさい目に遭い続けてきたため、自己防衛していたのです。話を聞くと、バイト先の客に待ち伏せされたり告白を断った男に逆恨みされたり、それは大変そうだった。彼女はバレンタインデーに客先を回る時も、誤解されないよう海苔やお茶を配っていました。

　私のように「モテちゃった、可愛いって言われちゃった♪　ニヒヒヒ」と浮かれるのは、美人でない何よりの証拠。

「せっかく美人に生まれたし読者モデルをやってセレブ妻を目指そう」と考える美人もいますが、美人に疲れている美人もいます。そんな美人が求めるのは、安らぎと癒し。ゆえに塩むすび路線が有効なのです。

「この人は真面目で誠実そう、ガツガツ口説いてこないし安心する」「素朴な人柄でほっとする、素の自分でいられる」と感じた時に、美人はふと恋に落ちたりする。BIGINのボーカルみたいな男性に。

　真逆ですが、サンドウィッチマンの伊達みきおタイプも美人にモテます（実際、美人のフリーアナウンサーと結婚しましたよね）。

Vシネマや縁日の屋台にいそう、という意味ではありません。あの手の泥臭い男らしさ、大工の棟梁のような器のでかさ、何があっても守ってくれそうだけど子猫には優しそう、みたいな（あくまでイメージだけど）男が美人にはモテる。

オタクと伊達みきおは距離が遠そうなので、B－G－Nをお勧めします。「なんくるないさ〜」と癒してくれる塩むすび路線。まずは友達として仲良くなる↓何でも話せる相談相手になる↓ずっとそばにいてほしい存在になる、という道順をたどってください。

ちなみに美人がろくでもない男（浮気や暴力が得意なオラオラ系）と付き合うのは、いつも異性にチヤホヤされるのにオラオラと偉そうにされたのが新鮮で「彼は私を特別扱いしない、中身を見てくれてるんだわ」と錯覚するからなのですよ。

そんな不幸な恋愛に疲れた時、そばにいたB－G－Nと結ばれるのはよくあるケース。伊達みきおに「あんな男、もういいぜ」と救われるケースもありがち。

以上、不美人ながら美人について解説してみました。美人と付き合いたい読者の参考になれば幸いです。

友達以上・恋人未満の脱出法

女はどんな時に「好き」になる？

オタクは塩むすび路線でいくべき、と述べました。が、それだといい人で終わってしまうのでは？という不安もあるでしょう。

実際「友達から恋愛関係に発展しない」と悩む男性は多い。それでも、まずは友達感覚でデートに誘うべきです。それも「デートしましょう」じゃなく「ご飯に行きましょう」と誘うこと。

一対一で食事に誘われたら、女も「この人は私に（多かれ少なかれ）気があるんだな」と気づきます。が、「いや単に友達として誘ってるのかも？」という余地を残した方が、相手もＯＫしやすいのです。あからさまに恋愛目的だと「気持ちに応えられるかわからないのに、食事に行っちゃマズいかも」とプレッシャーを感じるから。

一対一で会わない限り、そこから先には進めません。まずは２人で食事に行ける関係になって、脈を作っていきましょう。

脈を作る、つまり女性に好かれるにはどうしたらいいか？

女は真面目で誠実なパートナーを求めますが、真面目で誠実だからといって好きになるわけではありません。それだと「単なるいい人」で終わる可能性も高い。友達としてではなく異性として好かれるには、プラスαが必要です。そのプラスαとは、**男らしさ。**

女は異性に男らしさを感じた時、恋愛感情が湧くのです。「ふと見せる男らしさにぐっとくる」ってやつ。「ってやつですよね？」とブログで女性読者に問いかけたところ「そうです‼」とコメントが多数寄せられました。

では、女はどんな時に男らしさを感じるのか？

①守られてる

②いざという時に頼りになる

③女の苦手分野が得意

④尊敬できる

以上が、女が男らしさを感じるツボ。このツボを押されると、女は「この人も雄だったんだ！」と卵巣がしびれ、股がキュンとする。雄っぽさに雌の本能が反応し、友達↓恋愛対象にポジションが変わるのです……このツボはいいツボだ。

私のブログには「すべての女は心に姫を飼ってるんですよね！」という意見が寄せられました。「姫って、痛ぇな」と言うなかれ。どんなに強い女の中にも「守られたい弱い私」が存在するのです。だから「あなたを一生守ります！」的なプロポーズに尻子玉を抜かれる。しかし付き合う前に「守ります！」と宣言するのは前のめりすぎる。女も「言葉でなら誰でも言えるっつの」とわかっているので、**女を守る意思とポテンシャル**があることを行動で示しましょう。

また、①～④は**サバイバル能力**にも通じます。いざという時に生き残れそうな男を、女は「強い雄」とみなして好きになる。

こんな事例を聞きました。とある自治体が地元の漁師さんのために、全国から女性を集めてお見合いパーティーを開いた。が、結果はサッパリだった。そこで会食パーティーから漁師さんの釣った魚を皆でバーベキューする形式に変えたところ、カップル成立率が急上昇。

きっと男性陣はシャイで奥手なタイプだったのでしょう。そんな彼らの魅力はスーツを着たパーティーでは伝わらないが、「釣った魚を焼いて食う」という場面では魅力大爆発。海の男のたくましさ、魚を獲ってさばけるサバイバル能力が、女性陣の卵巣に響いたのだと思います。

女が本当に求めるのはグルメやワインの知識ではなく、原始的な雄としての強さ。スノボで華麗なターンを決めるより、雪山でテントを設営できる男を最終的には選ぶのです。だから元ボーイスカウトの男性はキャンプでモテモテになるかもしれない。以下、具体的な例を挙げます。

①守られてる……代表例は「危ないよ」と肩を抱き寄せて歩道側を歩かせるとか（抱き寄せる勇気のない人は腕をつかむこと）、重い荷物を「貸して」とさっと持ってくれるとか。

その他、ブログに寄せられたコメントは、

〈私が転ばないように彼が手を握ってくれた瞬間、キュンとしました！〉

〈公園でおしゃべりしてる時、彼が「風邪ひくよ」とマフラーを巻いてくれたのに萌えました〉など。

女が求める男らしさは「俺についてこい」という亭主関白系ではなく、優しさの中に含まれる男らしさ。優しくて奥手な彼がふと見せる男らしさにぐっとくる、ってやつ。本書の読者もこちらの方が目指しやすいのではないでしょうか。

ちなみに、私はデートに寺を推す者です。寺は石段や坂道があるため、「大丈夫？」とさっと手を出せば彼女は反射的に握り返し、萌え〜となる。冬の寺なら「寒くない？」とマフラーや手袋を貸すと、さらに萌え。ただしマフラーは加齢臭が染みやすいため、中年男性は注意しましょう。

他に〈まだ夜の6時なのに「危ないから」と駅までわざわざ送ってくれた〉〈飲み会に遅れて参加した時、駅まで迎えに来てくれた〉などの意見もありました。やはり、騎士に守られたい願望は強い。女は心に姫を飼ってると理解して、騎士役をやるっきゃ騎士《ナイト》☆（というエロ漫画が昔あったの）。

②いざという時に頼りになる……これも女心をつかむ決定打になります。ブログのコメントにも〈普段は頼りない同僚が私がトラブッてる時にさっとフォローしてくれ、うっかり惚れちまいました〉的な意見が多かった。

私も独身時代、嵐の日に男友達が「大丈夫か?」と家に来てくれて、うっかりやっちまったことがあります。心細い時に駆けつけてくれて、通常の30倍カッコよく見えてしまったんですね。

東京在住の女友達も「震災の後、いつも無口でボサッとしてる彼氏がすごく冷静に対処してて、惚れ直した」と語ってました。逆に、頼りなさが露呈して振られるケースもあります。

女友達は家に空き巣が入った時、彼氏に電話すると「大変だな～タクシーでうちに来れば?」という対応だった。それでも男ですか！　とビンタしたくなりますね。そこで男友達に電話したところ、すぐに来てくれて警察や管理会社とのやりとりもすべて仕切ってくれた。その後、彼女は彼氏と別れ、その男友達と付き合いました。

それだけ女にとって「いざという時に頼りになること」は重要なのです。これは付け焼刃では身につかないので、普段から冷静さと危機対応能力を磨いてください。そして女性がピンチの時は、素早く的確にフォローできるようにしましょう。

③女の苦手分野が得意……オタク界にはパソコンの得意な男性が多いですが、女子界でパソコンの得意な男性はモテます。ブログにも〈ワードの文字列が揃わなくて困ってたら、男友達がパパッと揃えてくれてキュンときました♪〉といったコメントが多数。

「文字列を揃えただけで!?」と驚くかもしれませんが、私も文字列の揃え方などわかりません。女友達も「会社でパソコン操作がわからなかった時、同僚が後ろから手を伸ばしてキーボードを叩いて教えてくれて、『惚れてまうやろー!!』と叫びそうになった」と語ってました。確かにそれは惚れてしまう。

普段からパソコンが得意だとアピールしておけば（注・自慢にならないように）トラブルや接続や購入の際に女性に頼られ、惚れてもらえるかもしれません。

コメントには〈機械系に弱い私は、機械を修理する男子の姿にときめいてしまいます〉という意見も多かった。私など、電球を替えてくれただけでも股がじんわりしびれます。

トリセツを読めない女性も多いので、ＡＶ機器の設置や家具の組み立てなどにもときめきます。私も独身時代、男友達に本棚を組み立ててもらい「工作っぽいの得意なんだよね！」とトンカチ片手に微笑む姿にポーッとなり、その勢いのまま付き合った。

女にはそれぞれ苦手分野があります。方向音痴で地図が読めないとか、車の運転が不得意とか。普段からさりげなく得意分野をアピールしておき、いざという時に頼られる存在になりましょう。

④尊敬できる……女は皆「尊敬できる男性と付き合いたい」と言います。一緒にいて成長できる云々と理屈をつけますが、要するに「そこにシビれるあこがれるゥ、萌え～!!」となるから。

だから仕事ができる男がモテる。エリートがモテる理由もこれ。エリート男性の多くは自分に自信を持ってます（男は社会的地位＝自己評価になる傾向が高いから）。

彼らは自信満々に仕事について語るため、女は「この人は仕事ができる」と錯覚してしまう。年収が高いだけじゃなく「仕事できそうに見える」のも大きな要因。エリートでもアホはいっぱいおりまっせ～と教えてあげたいものですが。

よって女性の前で「つまらないサラリーマンですよ」「大した仕事してませんから」といった言葉は厳禁。本人は謙遜のつもりでも、仕事にプライドがない＝尊敬できないと受け取られます。

社会的地位や年収が高くなくても、女はプライドを持って一生懸命働いている人を尊敬します。これは男性も共感するはず。地味で目立たなくても、仕事に誇りを持って真摯に取り組む姿……日本人には、プロジェクトX的なものに萌える遺伝子があるのでしょう。

ゆえに「仕事にプライドを持って頑張ってます」という姿勢をアピールすべき。ただし自慢になっては台無しなので、仕事の話になった時に、それが伝わるように話しましょう。「こういう部分にやりがいや意義を感じている」と前向きに語ってください。

以上のツボを押さえれば、女心をつかめます。が、繰り返しますがモテを狙ってやると見透かされるので、あくまで自然にさりげなく。

そのためには普段から「弱い者を守ろう」「頼られる男になろう」「誰かが困ってたら助けよう」

「目の前の仕事を頑張ろう」と心がけること。すると男らしさや頼りがいが身につきます。ドズルやランバ・ラル（不細工とチビ）が美人の伴侶を得たのも、男らしさと頼りがいがあったから。

最後に、恋人未満を脱出する最大のポイントは**「告白は男らしく堂々と」。**

関係が壊れるのが怖くて告白をためらっていると、「こっちから告白するのを待ってるわけ？」と女性に思われてしまう。受け身で女々しいと判断されて、ますます恋愛対象から外れる結果に。勇気を出して告白することで、女心を揺さぶれるのです。

皆が皆、ドズルやランバ・ラルになれというわけではありません。カムランのように草食系メガネキャラでも「シャイで奥手な草食系の男らしさにキュン☆」とギャップに萌える女性は多いので、大丈夫。男らしい言動をたまにチラ見せすれば、ギャップが魅力になります。

別キャラを目指す必要はないとはいえ、女々しい言動はご法度。優柔不断・ナヨナヨ・メソメソした態度をあからさまに見せられると、女は萎えます。人は誰しも弱い部分がありますが、武士は食わねど高楊枝。そんな高楊枝精神に惹かれる女性はいっぱいいますよ！

オタクの魅力を伝える秘訣

「守られたい」と連発しましたが、女は一方的に守ってほしいわけではありません。自分もパートナーを守りたい。お互いに守り、支え合う関係を望んでいるのです。

けれども、周りを見るとナヨナヨとした軟弱ばかり。自分が守って支えなきゃいかんのか！　と女は絶望している。寒い時代だとは思わんか。

実際にナヨナヨとした軟弱ばかりなのか？　と世の中を見ると、そうではありません。現代日本には〈オラオラ系・チンカス肉食系・まともな肉食系・草食系〉の4種類の男性が存在します。

オラオラ系とは、頭にタオルを巻いてピアスをしていたり、坊主頭に線が入っている人たち。彼らは雄っぽさを全身から漂わせていますが、なにぶんヤンキー濃度が高い。そんな彼らと親和性が高いのは、同じくヤンキー濃度の高いギャル。茶髪を盛ってスケキヨばりのアイメイクで『小悪魔ageha』を愛読する人たち。

ヤンキー濃度の低い女性はナヨナヨした男には惹かれないけど、オラオラした男はもっと苦手。というより接点がないため、恋愛対象にはなりません。

チンカス肉食系とは、落とすまでが楽しい男。女と見れば落としにかかる男や、落とすまでは頑張るけど落とした後は興味を失う男を指します。彼らは一見強い雄に見えますが、強いのは性欲のみ。「男らしくて頼りになりそう」と騙されて痛い目に遭った女性は「チンカスだけは近づいちゃダメ」と彼らを恋愛対象から外します。

まともな肉食系とは、チンカス以外の肉食系を指します。女と見れば落とそうなんて思わないけど、自分の好きな子には頑張ってアタックする。そんな彼らは積極的だし魅力的なので、大抵は結婚してるか彼女がいます。フリーじゃないのでこちらも対象外。

となると、残るは草食系のみ。草食系はナヨナヨしているかというと、そうとは限りません。草食系には「恋愛とか面倒くさいし責任とりたくないし〜」と心底ナヨナヨした人もいますが、純粋に奥手すぎて女性と接点のなかった人も多い。

私にメールをくれるオタク読者は「好きな女性を守りたい」「ちゃんと結婚して家庭を持ちたい」と書いてきます。オタクは一途で真面目だし、付き合ったからには結婚を意識する。オタクと結婚した妻たちからも「どんな時も逃げずに向き合ってくれる」といった証言が寄せられます。

が、いかんせん彼らはアピールが下手。持久力はあるが瞬発力がない。女を末長く幸せにしたいけど、奥手ゆえに付き合うところまでいかない。内に秘めた男らしさや責任感を伝える術も知らないし、その機会も作れない。

「そうなんだよ！　俺だって好きな子を幸せにしたいし、守って支え合いたいんだ！」と同意する読者は多いでしょう。そんな人はまず、異性とリラックスして話せるようになってください。そこから異性と接点を増やし、付き合いたい相手に出会ったら、口に出して言ってしまいましょう。

「僕はちゃんと家庭を築きたいし、パートナーを守って支え合いたいと思ってる」と。

いきなり言うと相手は面食らうので、結婚の話題が出た時に自分の結婚観として話しましょう。これは強いアピールとなって女心に響きます。

というのも、昨今は結婚から逃げたい男が多いから。男にとって結婚＝責任なので、なるべく引き延ばしたいのです。「結婚したいか？」と聞かれたら「いつかはしたいけど、でも今すぐにって言われたら、うーん」とかゆってるうちに晩婚化が進む。これは結婚しようと思ったらできる、余裕のある男性に多い状態。

一方、女にとって結婚＝安定。経済的に自立した女性でも、精神的には安定したいし自分の巣を作りたい。女には出産のリミットもあるため、期限内に巣作りできるパートナーがほしい。

ゆえに「僕はちゃんと家庭を築きたいし、パートナーを守って支え合いたいと思ってる」という言葉が効くのです。

独身男女は「今の生活も捨てがたいしな〜お金も時間も自由になるし」と口に出して言いがち。これは「モテないわけじゃなく好きで独身なんです、独身ライフをエンジョイしてるんです」というアピールでもあるわけですが、真剣な出会いを求める異性にはマイナスな印象を与えます。

以上を理解して、オタクの一途さや真面目さをうまく女性に伝えてくださいね。

第２章

メンタル、ビジュアル、フィールド編

オタクが陥りがちな心理と、その対策

1 自信がない

本書を読んで「行きまーす！」と出会いの場に飛び立つ人もいれば「怖いの嫌なんだよ」と決心のつかない人もいるでしょう。「どうせ俺なんて、頑張っても無駄だろうし」と。

この「どうせ俺なんて」という思想は行動を阻みます。とはいえ現世で不遇な目に遭ってきたオタクとしては、自信を持てと言われても簡単には持てないもの。

恋愛能力を決定づける最大の要素は、恋愛経験があるか・ないかの違いです。

順風満帆なモテ人生を送ってきた人などごく一部で、ほとんどの人は恋愛でつまずいたりしくじったり恥をかいて大人になる。男友達と話していても「昔はほんとに痛かったよ……」と空を見つめるような視線で語る。

たとえば17歳、初デートの日。好きな女の子を退屈させないため、必死でトークを考えていく。が、いざそのトークを披露したところ、相手はつまらなそう。「なんで？ 俺なんかマズいこと言った？」と青年はパニックに陥る。

後日、相手から「私たち合わないと思うの」と振られて「だからなんで？ 俺あんなに頑張った

のに⁉」と青年は涙目になる。そこで「だって○○くん、自分の話ばっかりしてたし……」と言われ、気づくのです。

「そうか、一方的にしゃべりすぎたらダメなんだ！」

こうして若さゆえの過ちから学び、恋愛能力を身につけていった。好きな子の前で挙動不審になったり、がっついて引かれたり……そんな通過儀礼を経て、今の彼らがあるのです。

彼らは若い頃に痛い思いをしてプライドを壊されたから、開き直って度胸もついた。一方、通過儀礼を経てこなかったオタクは、今さらプライドが壊れるのが怖い。

彼女ができたオタク読者は**「プライドを捨てたこと」**を成功の要因に挙げます。20代の読者からこんなメールを頂きました。

〈今まで恋愛に興味のないフリをしてました。「俺には二次元がある！」と強がって。でももう開き直ろうと思ったんです。それで「彼女がほしい」と言いまくったら、意外なほど周りがサポートしてくれました。女の子を紹介してくれたり、面白がりながらもメールの添削をしてくれたり、デートのお店を教えてくれたり、誘い方をレクチャーしてくれたり、それが一番大きかったです。失敗してもネタにして一緒に笑ってくれたので、今思い返すと楽でした〉

皆さんも「経験がねえもんはねえんだから仕方ねえだろ！」と開き直ってみましょう。開き直った人間は強いし、他人からも魅力的に見えます。

「どうせ俺なんて」と自信のない人は卑屈な空気をまとっているため、魅力が出てこない。営業マンが「どうせこんな商品売れない」と思っていたら誰も買わないのと同じで、誰も付き合いたいと思わないのです。

開き直るためには、失敗して当然だと思うこと。完璧主義にハマらないこと。

また、出会いの場に飛び立つ前に、ビジュアルを変えることをお勧めします。服装と髪型なら1日で変えられるし、他人の視線が一気に変わるため、自信がつきます（詳細はビジュアル編を参照）。

人付き合いが苦手な人は、挨拶と笑顔の練習から始めましょう。ちゃんと挨拶ができて朗《ほが》らかな表情の人は、誰からも好印象を持たれます。

相手の目を見て話す練習もしましょう。オドオドと視点が定まらないのが、最も他人に不信感を与えるから。目を見るのが難しければ、相手の口元を見ながら話す練習をして、じょじょに鼻↓目と視点を上げていきましょう。

自分に自信のない人は「どうせ俺なんて何やっても無駄だ」と動けないもの。たとえ動いても失敗すると「ほら、どうせ俺なんてダメだ」とすぐに諦めてしまいがち。

これは考え方の癖だと自覚して、直す努力をしてください。「誰でも始めは自信がないし、うまくできないものなんだ」と客観的に考えて、「どこをどう改善すべきか」を具体的な課題に落とし込む。そして、できる課題から1つずつ達成していく。周りの反応が変わったり、少しずつできることが増えたり……小さな自信を積み重ねれば、大きな自信に繋がります。
「どうせ俺なんて」と爪を噛んでいるか、「俺だって、俺だって！」とカイのように踏んばれるか。きっと皆さんカイになれますよ。だってあなたにはこの本があるから（ウインク）☆
「痛みなくして改革なし」とマシリト《小泉》元総理は言ってましたが、痛みは最小限に抑えたいもの。本書の内容を頭に叩き込めば、そこまで大失敗することはありません。てことでフラウ・ボゥ、じゃなかったアルテイシアは言います。「どうせ俺なんてって口癖、おやめなさい」。

・「失敗して当然」と開き直る
・完璧主義にハマらない
・「どうせ俺なんて」という考え方の癖を直す

2　偏見がある

「どうせ女なんて」と女に偏見を持つオタクは多い。この偏見は自ら進んで持ったものではなく、経験によって植えつけられたもの。

多くのオタクには不遇な過去があります。友人の山田くんは学生時代、偽のラブレターで騙されるドッキリを女子に仕掛けられたそう。やった方は面白半分でも、やられた方は傷つく。傷つけた方は忘れても、傷つけられた方は一生忘れられない。

山田くんもうちの夫みたく、陰毛を投げつけてやればよかったのに。夫は陰毛を投げるだけじゃなく、女子の机に撒いたりもしたそう。呪術的な嫌がらせですね。

陰毛を撒く撒かないの差はあっても、「どうせ女なんて」と偏見を植えつけられるのは同じ。山田くんや夫を差別したのは、学年の一部の女子です。そんな卑劣な連中は「ブス、うざーい」「デブ、くさーい」とオタクに限らず標的を見つけては差別するもの。しかし差別された方は「女=全員ろくでもない」と意識に刻まれてしまう。

私の元には「男子にイジメられて男性恐怖症だった」という女子からのメールがきます。暴力をふるわれたり物を盗られたり、ひどい目に遭ってる子も多い。

それを乗り越えた子たちは「男友達ができたこと」を理由に挙げます。男友達と接する中で「男も悪い奴ばかりじゃない、色々いる」と実感できたからだと。

女に偏見を持つ男性も、生身の女と触れ合い受け入れられることで、偏見が軽くなります。

私もハート様のごとく太っていた女子校時代は「どうせ男なんてルックスしか見ない、ノミと同類よォ！」と思ってました。が、塾に行ってみると、デブでもブスでも彼氏のいる女子はいました。

彼女たちは男子と普通に話していて、私のようにビクビクしていなかった。ルックスが悪くても、楽しく会話できる女子には彼氏ができる。美人みたいにモテないけど、恋愛できないわけじゃない。一方、私は男子が怖くて「近づくな、話しかけるな、やめなっさい」と壁を作っていました。

そんな私もダイエットして痩せたのですが、大学1年の頃はまだまだぽっちゃりゾーンで、モテからは程遠かった。が、私が進学したのは地味な国立大学でした。学部の8割が男子で、その多くが地方出身の素朴なメガネ。素朴なメガネたちに優しくされて、異性に対する偏見や恐怖を手放すことができたのです。

「デブだから、オタクだから」を言い訳にすると、恋愛できない本当の理由、コミュニケーションに原因があると気づけない。

私の行きつけのバーに「どうせ女はイケメンが好きなんだろ！」とくだを巻く常連客がいます。彼は一流企業のサラリーマンだけど、女性客に嫌われている。偉そうだし自慢話ばかりするから。顔も別に不細工じゃないけど「俺がモテないのはイケメンじゃないからだ、イケメンを好きな女が悪い」と自分じゃなく女のせいにしている。

彼は女性客に勝手にカクテルを奢り、相手は断りたくても断れず「すみません、ご馳走様でした」と店を出て行くと「ケッ、なんだよ」とか言ってる。そんな男、モテなくて当然ですよね？　この愚か者を反面教師にしてください。

私もかつては「どうせ男なんて」と思ってました。でも世の中の半分は異性なのに、偏見や敵意を抱えながら生きるのはしんどいもの。それらを手放せば、ずっと生きやすくなりますよ。

異性に恐怖心の強い人は、心根の優しい女性のいる場所に行くのがオススメ。たとえばボランティアには、真面目で優しい女性が多い。地味系のサークルや習い事（読書・コーラス・書道・絵画・俳句・古寺探訪など）もチャラチャラしてない接しやすい女性が多い。

うちの夫は合気道を推してました。夫いわく、合気道の教室には質実剛健な女性が多いんだとか。護身術も身につくしいいかもしれない。まずは敷居の低そうな場所からトライしてみてください。

・偏見を手放した方が楽だと気づく
・優しい女性と接点をもつ

3　動かない

「恋人がほしいと思いつつ、動かない」

これはオタクに限らず、恋愛に縁遠い男女の特徴です。担当マスオさんも「あいかわらず彼女できませんね。週末も家でずっとサムライＴＶを観てるから、当たり前ですけど」と言います。

アル「出会いがないわけですね。ところでマスオさんの理想の出会いって？」

マスオ「そうだなあ、居酒屋で格闘技の話をしてたら、素敵な女性が近づいてきて『アントーニオ本多、私も好きなんです』みたいな」
アル「それってサムライTVの見すぎというより、ラピュタの見すぎじゃないですか?」
マスオ「へ?」
アル「マスオさん、女は空から降ってくると思ってません?」

女は空から降ってきません。よしんば降ってきたとしても、普段から動いてない人は、いざという時に動けません。

友人の山田くんも、初めての飲み会では緊張して黙り込んでしまった。飲み会の後、山田くんに「せめて連絡先を聞けばよかったのに。2人ともいい子だからご飯くらい行ってくれるよ?」と言うと「僕、ほんとは彼女ほしくないのかも」と返ってきたので、さすがに私もカチンときましてね。「ほななんのための飲み会や、ほななんで今ここにおる、言うてみいおう?」とネイティブの関西弁で攻めました。すると彼は「嘘です、現実から目をそらしてるんです、向き合うと鬱になるから」。「これがオタク、か……」と一気に胸を痛めた私。山田くんは続けて「だって僕なんてスタバにも行けない人間ですよ?　僕みたいなダサいオタクが入っていいんだろうかって。そんな自分があんな可愛い子たちと話すなんて……」。

スタバにも小汚いオッサンがいてキャラメルフラペチーノとか飲んでます。山田くんがスタバに行けないのは、自分で敷居を高くしてるから。

可愛い女の子たちも、山田くんから話しかければ仲良くなれたかもしれない。勇気を出してアドレスを聞けば、デートできたかもしれない。でも勇気がなくて、チャンスを棒に振ってしまった。

山田「僕、人材系の仕事してるでしょう？　求職者の相談に乗ってると、10社受けて落ちた人は11社目の面接にもすっと行ける。でも1社も受けたことのない人は、面接に行こうとしない。言い訳ばかりして動かないんです。僕も同じですよ。傷つきたくないし、やっぱり楽したいんです」

アル「内定は空から降ってこないとわかってるのに、動かないんだね。でも猪木も言ってるじゃない？　迷わず行けよ、行けばわかるさって」

山田「頭ではわかってるんだけど『行くぐらいなら、エロゲーがしたいさ』と思ってしまうんです」

このように、オタクの腰の重さは格別です。そんな彼らには恋愛のドライブをかけるより、恋愛のハードルを下げる方が効果的かもしれません。

初めてマスオさんに会った時「仕事だから話せてますけど、プライベートだと絶対話せませんから！」と宣言されました。仕事で女性と話すのは慣れてるけど、プライベートでは緊張して話せない。この緊張を解くには、気合いを入れないのがコツです。

気軽に女性に話しかけられる男性は、単に慣れてるから。彼らは話しかけることに抵抗がない。女慣れした男性にとって、話しかける＝会話の始まり。一方、女性と接点の少ないオタクは話しかける＝恋愛の始まりだと考える。そうやって気負うから、身動きが取れなくなる。

「この1回で勝負を決めなければ」とプレッシャーをかけず、**話しかける＝異性との会話に慣れる練習**だと思いましょう。

マスオさんは大学時代、同級生の女子に一目惚れして、清水の舞台から飛び降りる覚悟で話しかけたそうな。当然ながら「ぼ、ぼ、ぼく……」と口ごもり、うまく会話できなかった。

舞台を清水に設定してはいけません。気合いを入れず、相手をマツコ・デラックスだと思って話しかけましょう。「この人は本当はマツコなんだ、神社の階段から転げ落ちて中身が入れ替わったんだ」と想像しながら話しかけた方が、うまくいきます。

舞台を清水に設定すると、他にも弊害があります。高い場所から落ちた時のダメージは大きくて、回復に時間がかかる。傷つくのが怖くなって「恋愛なんてもうたくさん」と諦めてしまう。

1回のつまずきで諦めるのも、恋愛できない人の特徴です。

世の中のほとんどの人は、一度や二度は振られています。異性にアタックしたけど相手にされなかったなんて経験、珍しくもなんともない。

恋愛経験のない人は恋バナとも縁遠いため、「人は皆振られている」という事実を知らないんですね。だからものすごく特別なことだと思ってしまう。

イケメンや美人でも失恋します。いわんや普通の人をや。それに「傷つくのを恐れるほど、傷つきやすくなる法則」もあります。打たれ強くなるには、打たれてみるしかない。女性に話しかけてクールな反応が返ってきても「強くなるために修行した」と思いましょう。

とはいえ、打たれるとやっぱり痛い。その痛みを最小限に抑えるには、笑い飛ばすのが一番。

私もコンパで会った男性に練りに練ったメールを送ったところ素っ気ない返事が返ってきた、なんて経験、売るほどしてきました。その瞬間はヘコみます。でも顔を上げて「痛い女と思われたかな、はーっはっは！」と笑い飛ばす。カーッカッカ！　とアシュラマン風にアレンジを加えてもよし。そして「縁がなかったのね！」と忘れるようにする。いちいち引きずってたら、恋愛なんてできないから。

打たれると痛いけど、だんだん慣れて打たれ強くなります。こうして身につけた打たれ強さは、恋愛において最大の武器になります。

私も打たれに打たれまくって強くなりました。デート前にエースで4番パンツを履いた瞬間、相手からキャンセルのメールが届いても、「魔界のクソ力〜〜!!」と叫べるように。カッコ悪い自分を笑えれば、恋愛が怖くなくなるのです。

あのイチローですら4割バッター、10回打席に立つうち6回は失敗する。恋愛も同じで、どんなモテる人でも毎回ヒットを打てるわけじゃない。自分だけは振られたくないと思っていたら、恋愛なんてできません。さあ、声に出して練習しましょう、「魔界のクソ力〜〜!!」。

・話しかける＝異性と会話する練習と思う
・振られる＝強くなるための修行と思う
・カッコ悪い自分を笑い飛ばす

4　思いつめる

オタクに限らず、人は恋をすると思いつめがち。そして、人は思いつめると失敗しがち。視野が狭くなり、客観性を失ってしまうから。

私も以前、Oくんという男子に思いつめられました。彼とはバーで出会ったのですが、たまたま大学の後輩だったこともあり、親しく話すようになった。Oくんはモテない病をこじらせた文系大学院生でした。

「ドストエフスキーの空想的社会主義がどーのこーの」というウンチクを面倒くせぇなと思いつつ聞いてたら「この人は理解者だ」と誤解されたらしく、猛烈なアタックが始まりました。

「付き合う気はない」と何度言っても『エイリアン2』のようにしぶとく食い下がる。尾行や待ち伏せもされて、〈眠れないしご飯も食べられない〉的なメールも送られてくるように。

私はガッチリ骨太なので「本気で殴れば勝てる」と思い、怖くはなかった。が、すんごく迷惑で「飲み屋で出会った男に簡単に連絡先は教えちゃいけない」と心のべからず帳に刻みました。

ある日、Oくんとバーではち合わせた時に「こんなに好きなのに」と号泣されて「奢らすだけ奢らせてずるい」と抜かしやがったので、「おふざけでない!!」と私がブチ切れて終了。

奢られたといっても、たったの1回。それも私は断っているのに、彼が無理やり奢っただけ。けれども彼の中では「自分はこんなに好きなのに、応えてくれないなんてひどい」「自分がこんなに苦しいのはおまえのせいだ」という被害者意識ができあがっていたのでしょう。

自分が相手を好きなのは自分の勝手であり、相手の責任ではない。自分が苦しもうが、相手には関係のないこと。一方的に気持ちを押しつけるのは、相手にとって迷惑でしかない。

という事実を、どんな時も忘れないでください。たかがメインカメラをやられても、客観カメラはやられちゃいけません。人は恋をすると視野が狭くなりますが、「これをすると相手はどう思うか?」とつねに客観カメラを作動させましょう。

たとえば相手からメールが返ってこない時。〈なんで返事をくれないの?〉とメールしたり電話をかけると、相手に「重い、ウザい」と嫌われます。あなたは返事がほしいけど、相手は返事を返す気がない。その事実を受け入れるしかないのです。

自分の思い通りにならないとすまない性格の人は、思いつめてひとりよがりな行動をしがち。もともとそんな性格じゃない人でも、恋をすると自分の知らなかった一面が出てきます。「サッパリした性格だと思ってたのに、自分ってこんなに執着するんだ……」という風に。

それでも人は恋愛経験を重ねるうちに「無理なものは無理」と諦めを学ぶのです。

私も20代前半は、思いつめてひとりよがりな行動をしました。好きな人に何度も電話して着信拒否されたり、風邪をひいた時に看病に押しかけて追い返されたり……痛いな、私！

そんな過ちから「一方的に気持ちを押しつけると嫌われる」と学んだのです。客観カメラの精度も上がって「ここで電話すると重いと引かれる」と判断できるようになり、無駄毛を抜くなどして気持ちを落ち着かせる術も身につけた。皆さんも思いつめそうになったら、サンドバックを叩くなどして気持ちを落ち着かせましょう。

客観性をキープするには、恋愛以外に喩えるのが効果的。たとえば、仕事だったらどうするか？と考えてみる。

仕事で営業をかける時は、お客に自社の問題点や短所をすべて話そうなんて思わない。その前にまず、相手のニーズや好みを探ろうとする。相手にその気がなさそうでも、すぐに諦めず「どうすればその気になるか」を考える。それで断られても、営業なんて断られる方が多いからいちいちへコまない。ヘコみすぎて立ち直れなくなったりせず、次のアタック先を探すでしょう。

恋愛が苦手な人は「これは仕事だ、俺は営業マンだ」と暗示をかけるくらいがちょうどいい。

私は歯医者が苦手なので、歯を削られながら「私はザク、ジオニック社で修理を受けてるの、ロボットだから痛くない……」と暗示をかけます。すると痛みや恐怖が和らぐ。

うちの夫は私に告白する際、「これは戦争だ！」と暗示をかけたそう。私に会うまでの道すがら「こいつら全員皆殺しにしてやる！」と通行人をにらみつけながら歩いたそうな。明らかに奇行ですが、夫いわく「腰が引けると自分じゃなくなるから、闘争心をもって臨んだ」んだとか。

得意分野に喩えると強気をキープしやすいもの。皆さんも「俺はT―1000、燃やされようが冷やされようが再生可能」と暗示をかけ、冷静かつ強気な姿勢で臨んでください。

・客観的な視点を忘れない
・相手の立場になって考える
・恋愛以外に喩えて冷静と強気をキープ

5　夢見がち

マスオさんと話していると「この人は女に夢を見ているんだなあ」と感じます。たとえば「僕が風邪気味の時、女性が風邪薬を投げてきて『あんたが元気ないとつまんないゾ！』とか言われるのが理想です」と、屁の出るような発言が飛び出す。

私が「そんなあだち充の漫画みたいな女、いませんよ？　そもそも語尾にゾをつける女はいませんぞ」と言うと「僕、女性を神聖視してるんです。いまだに女性に性欲があるのも信じられなくて『セックス・アンド・ザ・シティ』を観た時にショックと怒りで震えました」と言います。そんなマスオさんが私のコラムのファンだということが信じられない。

女を女神のように理想化すると、気軽に話しかけることができません。相手が生身の人間だということを忘れ、気持ちを無視して突っ走ってしまいがち。また、勝手に理想化して勝手にガッカリする展開にもなりがち。つまり、地に足のついた恋愛ができないのです。

女も「この人は私を理想化してるな」と感じると、素の自分を見せられない。女が望むのは崇拝者ではなく、リラックスして対等に付き合える男性。

現実の女は皆さんと同じで、素晴らしい部分も俗っぽい部分もある、生身の人間です。清い感情もあれば黒い感情もあって、だから人間はカラフルで面白い。

女に夢を見ている人は「女はゲップもするし屁もこくしウンコもシッコもオリモノも出す」くらいに思った方がよろしいでしょう。

うちの夫は飲み屋で「女が無駄毛の話とかすると萎えるよな～」と話していた若者に「キミは人間が猿から進化したことを知らないのか、共和党員か？」と聞いていました。これぐらいリアリストの方が、女も一緒にいて楽なのです。自分を飾らずに素でいられるから。

恋に夢を見るがゆえに、恋愛できない男女もいます。そういう人は「初対面で眉間からイナズマ」的な、ドラマみたいな恋に憧れている。

しかし世の中を見回すと、生涯のパートナーとの出会いは花火じゃなく**炭火パターン**が多い。出会ってすぐパッと燃え上がって消えるのではなく、じわじわと火がついて長続きする恋愛。

周りの既婚男性も「初対面はピンとこなかったけど、嫁さんといると楽だな〜と思って気づいたら付き合ってた」といった意見が多い。だから近距離恋愛（職場や学校などの出会い）は強いんですね。人はじっくり付き合わないと、相性なんてわからないから。

相性がいい相手とは、一緒にいて無理しなくてすむ相手。そんな相手との出会いは「なんとなくしっくりきた」という地味な始まり方が多いもの。

一瞬で燃え上がった恋は、冷めるのも早い。恋の麻薬にやられて正常な状態じゃないから。だから電撃婚した芸能人カップルは離婚するのです。

私も初めは夫に一切トキメキを感じなかった。「こんなに恋愛感情が湧かないなら無理かも」と思った。でも夫といると楽だし面白かった。私の場合はさんざん恋愛してきたので「今まではうまくいかない恋、自分が追いかける恋だから燃えてただけなんだ」と気づき、夫と付き合ったのです。

そして現在、夫への愛は深まる一方。「好きだー!!」と素っ裸で町内を走り回りたい気分。気持ち悪くてすみませんね。でも運命の出会いは、後から振り返って「あれが運命だった」と気づくものだと思います。

恋に夢を見る一番の弊害は、見切りが早くなること。初対面でピンとこないと「この人はないな」とすぐに判断してしまう。運命の出会いは炭火パターンが多いと理解して、3~5回はデートしてみましょう。それで「やっぱりないな」と思えば、その時点で判断すればいい話。

「実戦というのは、ドラマのように格好のよいものではない」とシャアも言っていますが、現実の恋はドラマのようにカッコよくもないし完璧でもないしロマンチックでもない。「私もニュータイプのはずだ！」という幻想は捨て、地に足のついた恋愛を目指してください。

・女を理想化しない
・ドラマみたいな恋に憧れない
・すぐに見切りをつけず、数回デートしてから判断する

1日で雰囲気イケメンになる方法

モテるのは「雰囲気イケメン」

男性がモテる外見になるのは簡単です。服装と髪型を変えればよいのです。

中学・高校まではイケメン＝顔の整っている男子がモテました。その記憶から「モテる＝イケメン」と刷り込まれている人も多いでしょう。でもその大きな理由は、みんな同じ制服を着ているから。大学生や社会人になると、**「雰囲気イケメン＝服装と髪型に清潔感とオシャレ感のある男性」**がモテるようになります。皆さんも周りを見れば、モテる男性の顔が必ずしも整っているわけじゃないことに気づくでしょう。顔が整っていても見た目がダサくてもっさりした男性は、恋愛に不自由しているはず。

とあるテレビ番組の街頭アンケートでも、6割の女性が「イケメンよりも雰囲気イケメンが好き」と答えてました。そして4割の「イケメンが好き」と答えた女性も、そのイケメンが激ダサであれば「雰囲気イケメン」を選ぶのです。

雰囲気イケメンであれば、誰でもなれます。不細工でもデブでも痩せでもチビでもハゲでもなれます。その点、女性よりずっと有利なのです。

女性はどれだけオシャレを頑張っても限界があります。ブスやデブは「所詮ブス、所詮デブ」と異性に判断されてしまう。男子の方が「素材＝顔や体型」にこだわるんですね。

素材を変えるのは困難だけれど、服装と髪型であれば1日で変えられる。つまり、たった1日で「モテる外見」に変身できるのです。

男性が雰囲気イケメンになることは、女が美人に変身するくらい絶大な効果があります。女は雰囲気イケメンに出会うと「普通に彼女できそう、中身もまともで信頼できそう、がっついてなくて余裕がありそう」となぜか思う。だからさほど話したことのない相手でも、雰囲気イケメンであれば「ま、連絡先くらいなら教えてもいいか」と考えるのです。

「なんじゃそりゃ」と思うでしょうが、皆さんも美人に連絡先を聞かれたら、よく知らない相手でも教えますよね？　それと同じ。人は第一印象は見た目で判断するのです。

真剣な恋愛を望む男女は「とはいえフィーリングが一番」と言いますが、男が「美人かブスでいえばそりゃ美人に越したことない」と思うのと同じで、女も「雰囲気のイケてる人とイケてない人ならそりゃイケてるに越したことない」と思う。だから外見を変えることが恋人を作る近道です。

なによりモテる外見になるメリットは、自分に自信がつくこと。

私は太っていた頃、どれだけオシャレしてもモテませんでした。でもダイエットして痩せてメイクも研究したところ、男にナンパされたり口説かれるようになった。

すると中身も劇的に変わりました。今まで「どうせ私なんて」とネガティブ思考で異性のいる場所に行くのが怖かったのが、外見を変えて異性からの扱いが変わったことで、自分に自信がついた。どこにでも平気で行けるし、誰とでも話せるようになった。そしてポジティブで社交的な性格に生まれ変わったのです。

このように、私の人生はＢＤ／ＡＤ（ビフォーデブ／アフターデブ）でハッキリと分かれます。外見を変えることは、単なる通過点にすぎません。だから手間とお金をかけず、さっさと通過してほしいのです。以下、最小限のパワーとコストでモテる外見になる方法を書きます。

服選びは店員さんにまかせる

本当にオシャレな人（＝センスのある人）になるのは大変です。ファッション誌を研究してマメにショップを巡ってセンスを磨かねばならない。そんなの面倒くさすぎるし、そもそもセンスなど必要ありません。

モテるには、**ぱっと見がオシャレ**であればよいのです。それも際立ってオシャレではなく、それなりにオシャレであれば十分（むしろ際立ってオシャレだと「こだわりが強そう」と女性に敬遠されたりもします）。

ぱっと見オシャレになるには、店員さんにまかせるのが一番。プロに上から下までコーディネイトしてもらえば、手間をかけずに変身できます。

私がオススメするショップは「ＧＡＰ」。値段が高くないこと、敷居が高くないことが理由です。オシャレ指南書にはセレクトショップ（ビームスやシップスやユナイテッドアローズなど）が紹介されてますが、それらの服は確かにオシャレだけれど、今までオシャレに興味がなかった人が入るには敷居が高いと思います。

その点、ＧＡＰは庶民的。ユニクロと同じで、とくにオシャレじゃない普通のおばさんやおじさんも来店します。ＧＡＰでも「それなりにオシャレな人」には十分なれるので、ＧＡＰで服を買って、ショッピングに慣れた後でセレクトショップに挑戦するのもよいでしょう。

なにより、ＧＡＰは店員さんの接客態度がすばらしい。平日の空いている時間にショップに行けば、店員さんがコーディネイトの相談に乗ってくれます。

まずはショップに入って、店内をウロウロしましょう。すると店員さんが「何をお探しですか？」と近づいてきます。そこで「シャツを」と答えると、店員さんがオススメを何枚か見せてくれる。「どんな感じのシャツを？」と聞かれれば「爽やかな感じ」と答えましょう（「爽やかな感じ」はオールマイティなので、覚えておくと便利）。店員さんはプロなので、あなたの体型や雰囲気に似合い、かつサイズの合うものをチョイスしてくれます。

シャツを選んでもらったら、続いて「これに合うジャケットがほしい」と言いましょう。すると店員さんが何着か選んで羽織らせてくれるので、自分がしっくりくるものを選びましょう（「爽やかな感じで合わせやすいジャケット」と言うとよし）。

さて、これで上半身は完成。続いて「下に合わせるパンツがほしい」と言いましょう。するとデニム（ジーンズ）やチノパン（ベージュ系の綿パン）などを見せてくれます。

初心者は「綺麗めのストレート（まっすぐ）のジーンズかチノパン」がオススメ。これだと何にでも合わせられるから。Tシャツなどカジュアルな服にも合うし、シャツとジャケットを合わせればレストランで食事もできます。

お手頃価格ですし、この際全部揃えてしまいましょうか。というわけで、靴と鞄も見せてもらいましょう。店員さんに「合わせやすいやつ」と言えば、オールマイティなものを選んでくれます。

これで全身完成ですが、「小物」も追加することを強く勧めます。というのも、オシャレ感は小物で大きく左右されるから。帽子やマフラーやストールを追加するだけで、ぐっとオシャレになります。こちらも店員さんに言って選んでもらってください。

以上で雰囲気イケメンコーディネイトが完成です。「ここまで丸投げしていいのか？」と思うかもしれませんが、お店が空いている時なら大丈夫。それに服屋の店員さんは服が好きで働いてる人たちなので、「店員冥利に尽きる」と喜んでくれますよ。

①「雰囲気イケメン」のイメージ

③ オシャレに無頓着なイメージ

② 典型的アキバ系ファッション

初回に店員さんと顔なじみになっておけば、次回からもスムーズに買い物できます。前回買った服を着て行き、「このパンツに合う○○を」と選んでもらいましょう。リピーターをつかんだことで店員さんの評価も上がり、WIN－WINの関係を築けます（どうしても店員さんに話しかけられない人は、マネキンが着ている商品を上から下まで丸ごと買ってしまいましょう）。

私がGAPを一押しするのは、お手頃価格と接客のよさに加え、店舗数が多い・サイズ展開が広い・着る人を選ばない、かつ**「明るめの色の商品が多い」**のも理由です。

センスに自信のない人は黒・グレー・茶色の服を選びがち。これらは無難ですが、暗く地味な印象にもなりがち。たとえば「グレーのタートル＋黒のジャケット＋こげ茶のパンツ」を「明るいブルー系のシャツ＋紺のジャケット＋ベージュのパンツ」に変えれば、一気に明るい印象になります。服を買う時はブルー・ベージュ・白など、明るめの色を選んでください。そこに赤・黄色・ピンクなどを一部取り入れれば、オシャレ度が上がります。

特に婚活系のイベントやパーティーには「圧倒的にダサくて地味な男性」がほとんど。その中に「明るく爽やかでオシャレな男性」がいれば、俄然目立つしモテますよ。

ひとつ注意点を。オシャレには「1つダサい要素があれば全体がダサくなる」という、腐ったミカンの法則があります。どれだけオシャレに決めても、日教組のようなループタイや日景忠男のようなメガネをかけていれば台無し。安くてもいいので、全身新品に買い直す心意気でいきましょう。

ここでは普段着について述べましたが、スーツスタイルも店員さんに選んでもらえばOK。お金をかけないというコンセプトでいえば、ザ・スーツカンパニーやスーツセレクト、P・S・FAなど、20～30代向けの安価なスーツショップでも十分です。スーツ・シャツ・ネクタイを店員さんにコーディネイトしてもらえば、ちゃんとオシャレになります（余裕のある人は、セレクトショップやデパートのメンズフロアで選ぶのもよいでしょう。ビームス・シップス・ユナイテッドアローズ・トゥモローランドなどが人気のようです）。

髪型は美容師さんにまかせる

オシャレな髪型になるには「美容院に行く」、これだけです。一般的に、理髪店で切ると「おじさんっぽいもっさりした髪型」になりがち。一方、美容院だと「今風のオシャレな髪型」にしてくれます。

今風といってもホストやスーパーサイヤ人のような奇天烈な髪型にはなりません。若いサラリーマンも美容院を利用するため、ビジネスにも通用する髪型にしてくれます。

友人の山田くんは「美容院に行く服がありません！」と訴えてました。美容院＝オシャレな人が行く場所、というイメージがあったんですね。

でも実際はごく普通の人々が来ています。美容院を怖い場所だと思わず、気軽に行ってみましょう（不安なら、GAPで買ったオシャレな服を着て行けばよし）。美容院も競争が激しくユーザー獲得に必死なため、親切丁寧に接客してくれますよ。

美容院選びは、周りの人に紹介してもらうのが確実。雰囲気イケメンの同僚や男友達に聞いてみましょう。紹介者がいなければ、インターネットや雑誌やフリーペーパーなどで探すか、街を歩いて「外装がオシャレっぽくて流行ってる店」を探しましょう。

美容院に行くと「どんな髪型にしたいですか？」と聞かれます。美容院にあるヘアカタログを見ながらイメージを伝えてもいいし、美容師さんにおまかせにしてもOK。

おまかせにする場合は「会社（就活）でも浮かなくて、自分で再現できる髪型」と伝えましょう。せっかくカッコよくしてもらっても、再現できなければ意味ないので。美容師さんがセットの方法（乾かし方やワックスのつけ方）を教えてくれるので、覚えておきましょうね。希望のイメージを伝える場合も自分に似合うとは限らないので、美容師さんと相談しながら決めましょう。

恐怖に震えていた山田くんも美容院に行き、「行ってみればどうということはなかったです！」とオシャレな髪型になって帰ってきました。

今ではGAPで服を買い揃え、2ヵ月に一度は美容院に通い、すっかりオシャレになった山田くん。「ダサくてスタバに行けない〜」と泣いてた頃が嘘のよう。

先日はいつもの美容院が休みだったため、新規の店にふらりと飛び込んだんだとか。「美容院なんか一生行けないと思ってた自分からは考えられません」と彼は言います。「近頃は考え方も変わりました。ゴチャゴチャ悩むより、動いたほうが早いって」。

外見が変わると中身も変わる。自己啓発セミナーより安上がりだし、オススメですよ！

身だしなみと表情

身だしなみについては、「清潔であればよし」。

毎日お風呂に入って髪や体を洗うこと。肌が乾燥する人は化粧水や乳液をつけること（肌トラブルのある人は皮膚科で相談しましょう）。衣類は匂いがつきやすいので、こまめに洗濯すること。

歯を磨く・髭《ひげ》を剃る・爪を切る・鼻毛を切るといった基本さえ押さえておけばＯＫです。

眉毛は下手にいじると失敗するので、眉の下の無駄毛を剃る程度でよし（眉カットしてくれる美容院もあるので、興味があれば利用してもよいでしょう）。

香水は人によって好き嫌いがあるので、つけない方が無難です。香水をつける男性は苦手という女性もいるし、塩むすび路線にも似合いません。とにかく「清潔感」を第一に心がけてください。

清潔感と同じくらい大切なのが、表情です。女性は男性の顔の作りよりも表情に注目します。雰囲気イケメンになっても、暗い表情や神経質そうな表情、オドオドと自信なさげな表情だと台無し。

本人はキリッとしてるつもりでも、他人からは「ムスッと機嫌が悪い」と見られる場合もあるので注意しましょう。また異性の前で緊張すると、表情が強ばってしまいがち。

好感度が高いのは、自然体で朗《ほが》らかで優しげな表情です。この表情を作るために、インターネットで子猫の動画を探してください（子パンダでもよし）。可愛い動物の赤ちゃんを観ている時、人は自然と口角が上がって目も優しげになります。その表情を鏡で研究して、いつでも再現できるように練習しましょう。

なぜ人はダサくなるのか？

アキバ系ファッションのオタクは、現実には少数派だと思います。多くのオタクはファッションに無頓着、つまりファッションより他のことに興味があるため、結果的にダサくなっている状態でしょう。

無頓着な人がダサいのは「ダサい店で買っている」「サイズが合ってない」「古い服を着ている」の3つが主な原因です。

ダサい店にはダサい服しか売ってないし、下手するとヤンキー臭のするファッションになってしまう。またファッションに無頓着な人はサイズにも無頓着なため、「妙にブカブカ」「妙にシャツの丈が長い」といった事態になりがち。本人は妙だと気づかなくても、他人が見ればわかるのです。

そういう人は昔買った服をずっと着続けたりもします。ファッションには流行があるため、古い服を着ているとダサくてもっさりした印象になります。

うちの夫も初デートで「高校時代にオカンに買ってもらったトレンチコート」を着ていました。その姿を見た瞬間「か、肩パット……！」と全身が震えた。という話を周りの女子にすると「よくその後もデートしようと思ったよね……」と100％言われます。それぐらい女はダサい男が苦手なのです。

そのかわり、男性ほど素材（顔や体型）は重視しない。よって顔や体型にコンプレックスのある男性も、さほど気にすることはありません。「俺がモテないのはデブだから、不細工だから」と悩む人は多いでしょうが、きっと一番の理由は「ダサいから」。

デブでも不細工でも痩せでもチビでもハゲでも「雰囲気イケメン」と呼ばれる人はゴマンといます。

コンプレックスのある男性がモテないのは「俺なんて何やっても無駄」と外見を磨く努力をしないから。コンプレックスゆえにオドオドと自信のない表情や態度になっているのも、原因かもしれません。

「コンプレックスなんて服装と髪型でカバーできる！」と開き直ってください。「髪型でカバーしようにも髪がない！」という男性は、坊主に近いくらい短くするのが賢明。ハゲはハゲを隠そうとするから余計にハゲが目立つのです。「このハゲに免じて」とぽんっと頭を叩けるような明るいハゲは、モテますよ♪

一方、ファッションにこだわりがありすぎる男性も敬遠されます（ビジュアル系やミリタリーファッションなど）。うちの夫もデートに迷彩服で現れて「キン肉マンソルジャーか？」とギョッとしました。「なぜ迷彩服を？」と聞くと「草むらに隠れるため」と返ってきて「この人は本気なのか」と納得しました……が、大抵の女性には引かれます。

そんな私も篠原ともえ（今でいうときゃりーぱみゅぱみゅ？）のような狂気ファッションに身を包み「私の個性を理解してくれる男と付き合いたい」と夢見てた頃がありました。しかしびっくりするほどモテなかった。男子も私のファッションにびっくりしていたからでしょう。そこから普通の女の子らしいファッションに転換したところ、リガズィからVガンダムに乗り換えたくらいモテ力がUPしました。

「俺は個性派ファッションが好きなんだ!!」という想いはわかりますが、悲しいけどこれ、モテないのよね。経験的にいっても、門戸を広くして多くの異性に受け入れてもらい、そこから自分に合う人を見つける方が合理的。個性派ファッションをしたければ、彼女ができた後に小出しにしていきましょう。

雰囲気イケメンになって自信をつけ、異性にモテてくださいね！

オタクが彼女と出会うには？

オフ会

ネットやSNSのサイトで探せば、いろんなオフ会が見つかります。食べ歩き（グルメ）系・アウトドア系・趣味系・オタク系などなど。オフ会探しには、現時点ではm·i x·iが人気のよう。参加するメンバーのプロフィールを見られるのもメリットですね。オフ会に参加する際は、事前にメンバーの男女比や年齢層を調べましょう。当然ながら、女性率の高いオフ会が狙い目。

食べ歩き（グルメ）系は女性率が高く、ごく普通のOLさんタイプが多いようです。また「お店に詳しくなれる」のもメリット。お店に詳しくなれば「どこそこの店が美味しい」と会話のネタになるし、デートにも誘いやすくなります。

アウトドア系は山登りなどそこそこ本気のものもあれば、バーベキューやピクニックなどゆるーいものもあります。参加者はごく普通のOLさんや、山ガール系の素朴な女性が多いよう。

趣味系は、スポーツ系から文化系までジャンルは様々。ジャンルによって、女性率や参加者のタイプは異なります。共通の趣味があれば会話も弾みやすく、仲良くなりやすいのがメリット。

オタク系はいわずもがな、オタク女子と知り合えます。「オタク同士で付き合いたい」「オタク以外の異性と話すのはハードルが高い」という人にオススメ。

オフ会はスパーリングにも適した場所です。しくじったら、二度とその会に参加しなければいいんだから。ただし忘れちゃいけないのが「オフ会は出会い目的の場ではない」ということ。

そのため、フリーじゃない女性も来ています。出会いを求めて来ている人も多いけど、純粋に楽しむために来ている人もいる。「出会い目的でがっつく人ってイヤよね」という空気もあるので、注意してください。

オフ会は出会い目的でないぶん、かまえず自然体で女性と交流できます。そこで気になる女性に出会った場合は、段階を踏まなければいけません。

いきなり一対一のデートに誘うと、相手が戸惑う可能性もあります。まずは会話を楽しんで仲良くなり、アドレス（またはSNSのニックネーム）を交換。そこからメールのやりとりを重ねる→少人数の飲み会に誘うか、相手に抵抗がなさそうならデートに誘う、という流れがベター。

「スローすぎてあくびがでるぜ」と言うなかれ。オフ会のメリットは、条件より人柄（と雰囲気）を見てくれる点。出会い目的の場所だと、どうしても初めに条件（職業や年収）に目がいきがち。一方、オフ会だと条件に恵まれない男性にもチャンスは多いと言えるでしょう。

過去、私はオタク向けのオフ会にも何度か参加しました。そこで20代のオタク青年と話したのですが、彼もオフ会で彼女を見つけたそう。彼女の写真を見せてもらうと、高田万由子を10歳若返らせたような美人でしたよ。

「オタクのオフ会なんてろくな女いないだろう」と皆さんお思いかもしれない（思ってなかったらゴメン）。たしかに参加者の中には、ゴスロリ系の服を着て何らかのキャラに憑依されてるのか「ツンとしてんじゃねえぞテメー」と言いたくなる女子もいました（愛想のいいゴスロリなど、ゴスロリ精神に反するのかもしれませんが）。でもそれはごく一部で、ほとんどは感じのいい娘さんたちでした。「女性の参加者は一般のオフ会とそんなに変わらない」のが私の印象。

先述のオタク青年いわく「僕はオタク女子としか付き合いたくないんです。オタク同士の方が楽だし、気をつかわずにすむんで」。

これも1つの考え方ですね。彼も服装に気をつかうようになって、彼女ができたそう。また、その手のオフ会には「俺はオタトークしかしないぜ！」という骨太な男性も多いけど、彼とは普通に仕事や恋愛の話もできた。どんな場においても、服装とコミュニケーション能力が鍵なのです。

一般のオフ会に行くのは怖いという人は、オタク向けのオフ会で場慣れするのがオススメです。

婚活系のパーティーやイベント

婚活ブームで、お見合いパーティーやイベントの数も種類も増えました。それに伴い、質が向上したと言われます。ひと昔前は「サクラが紛れてる」「身元確認がいい加減」という噂も聞きましたが、質の悪い業者は淘汰されてきたんだとか。

けれども、リスクがないわけではありません。参加者の中に、体目当ての男や金品目当ての女が紛れていないとは限らない。

どの世界にもその手の男女はいます。万一、付き合ってもない女性にブランド品などをねだられたら「金品目当てだ」と判断しましょう。「付き合えるかも」「甘えられてる」なんて間違っても思わないように。男にブランド品を貢がせて質屋で換金する女もいます。そんな詐欺女に騙されないよう、しっかりとリスク管理してください。

婚活系のパーティーやイベントの最大のメリットは、真剣な出会いを求める異性と大量に出会える点（大手主催の会費の安すぎない会の方が、参加者の真剣度は高め）。

「そういう場だと条件で判断されるんじゃ？」という懸念もありましょうが、たしかにその傾向はあります。よって年収の高い人や安定した職業の人には有利。

とはいえ昨今は、高望みしない地に足がついた女性が増えてます。それに「やっぱり条件よりもフィーリングが大事」という女性が大半なので、楽しく会話できれば次に繋がる可能性は高い。

独身時代、私も何度かパーティーやイベントに参加しましたが、男性はダサい人&コミュニケーション能力の低い人が多かった。一方、女性は全体的にレベルが高かった。この**「男のレベルは**

低く女のレベルは高い」という話は、男女問わず大勢から聞きます。

私も参加する前は「どうせ高望みのブスばっかでしょ?」と思ってました。ところがフタを開けると、感じのいいごく普通のＯＬさんタイプがほとんど。ギラギラと玉の輿を狙ってる風でもなく「男性の少ない職場で出会いがなくて……」という風情でした。

この傾向から、婚活系のパーティーやイベントはオススメです。見た目に気をつかってコミュニケーションのポイントを押さえれば、３分で12機のドム（ひとり勝ち）状態も夢じゃない。

私も一度、お見合いパーティーで出会った男性と付き合ったことがあります。職業欄を見た瞬間、私の瞳孔は開いた……「自衛官！」。

私は三島由紀夫と水野晴夫にシンパシーを感じる軍服フェチ。その彼は陸自だったのですが、スーツの下の鍛えられた肉体、全身からほとばしる男汁、男汁のお吸い物があったら飲みたい私としては「こんなはきだめにトキがいるなんて！」と大興奮。特攻をかけ、一番人気だった彼とカップル成立したのですが。

いざデートに出かけたら、私服のダサさに仰天。なんでワッペンつきのポロシャツやねんと。脳内でポロシャツを軍服に変換しながらデートしたのも、今ではよい思い出です。

無駄話はこのへんにして。以下、それぞれの特徴を書きます。

○○合コンなどのイベント

女慣れしてない男性には、パーティーよりもイベントをお勧めします。パーティーは男女が一対一で会話する形式が一般的ですが、イベントだとより自然に会話できます（○○合コンと呼ばれることが多いよう）。料理合コン・陶芸合コン・利き酒合コン・フットサル合コン・読書合コンなど、種類は様々。お寺で行う写経合コンなんてのもあるらしい。

初対面の異性との会話が苦手な男性も、一緒に作業（料理を作ったりお経をなぞったり）することで、会話も弾みやすい。また講師やスタッフがフォローを入れて盛り上げてくれるそう。

まあ2時間もお経をなぞっていれば、いっぱい話して相手を知れますよね。パーティーのようにせわしくないのもメリット。でも足がしびれやすい人はどうするんだろう？　足がしびれやすい私はあぐらか立てひざで写経することになりそうです。パンチラから恋が始まったりして☆

また、お見合いバスツアーも人気なんだとか。男女がバスに乗り観光地や神社仏閣を巡るツアー。これなんか大人の遠足っぽくて楽しそう。1日一緒に行動することで、距離も縮まりやすいし。

結婚の気運を高めるため、バスガイドさんが『お嫁サンバ』や『てんとう虫のサンバ』を歌ってくれるんでしょうか。女性参加者に気づかって、あんまり綺麗なバスガイドさんはつかないとか？　など、妄想がふくらみますね。乗り物酔いしない人は参加してみるといいかもしれません。

お見合いパーティー

パーティーはイベントのような遊び要素がないぶん、より真剣度の高い女性に出会えるでしょう。うまくマッチングすれば、とんとん拍子に恋愛→結婚に進む可能性も高い。

パーティーでは話す時間が短いため、第一印象が特に肝心。ダサくて地味な男性の中に、明るく爽やかな雰囲気イケメンがいれば、高確率でモテるはず。

が、どっと疲れるのも事実です。何十人もの初対面の異性としゃべるのは、少林寺三十六房なみのハードさ。「度胸試ししてくれるわ、こいや！」くらいの気持ちで臨んでください。営業職など、初対面の人との会話が得意な人には有利でしょう。

お見合いパーティーは回を重ねるごとにどんどん慣れていきます。なので1回で音を上げず、何度もトライするのがオススメ。

一般的なパーティーの流れは、プロフィールカード記入→全員と順番にトークタイム（カードを見ながら一対一で会話）→フリータイム（気に入った異性の席に行って会話）→カップル発表。

トークタイムは何十人もと話すので、後で思い出せるように特徴をメモしておきましょう。また「中間アプローチタイム」という、気に入った異性に主催者が「好印象カード」を渡してくれるシステムもあります。ここは数撃ちゃ当たるでバカスカ渡しまくりましょう。相手も好印象を持たれると嬉しいので、あなたのことを意識するはず。

お見合いパーティーに参加する女性は「安定志向」が高めです。彼女らはフェラーリよりもカローラを求める（刺激よりも安心）。よって、ここでも塩むすび路線でいけば間違いなし。「こういうパーティーは初めてで緊張しちゃって」と素朴な笑顔で言えば、好感を持たれますよ。

「でも大変そうだよな〜」と皆さん思うかもしれない。けれども、女の方がずっと大変です。

フリータイムでは男性が気に入った女性の席に行くのですが、美人の前には行列ができます。一方、誰も来ない女性はフリータイムの間中、うつむいてポツンと座っているしかない。「誰か彼女に温かい毛布を！」と叫びたくなる風景。

また、女性の参加者に「変な人」は基本的にいません。が、男性の参加者には「明らかにちょっと変な人」が混じっている。ケケケケッと怪鳥のように啼《な》く（笑ってる？）人とか。

私がパーティーで出会った男性は、プロフィールカードにやたら英語を書いていました。しかもスペルがほぼ間違ってる。「得意じゃないならなぜ英語で？」と思いつつ、愛想よく会話した私。〈デートで行きたい場所〉の項目に〈ZOO　PEAK〉とあるのを「動物岬」と思いつつ見ないでいたら「動物園好き？」と相手からふってきた。「好きですよ」と答えると「じゃあ今度一緒に行こうよ!!」と前のめり。「いいですよね〜動物って」と笑顔でかわしたものの、パーティー終了後、その人が「ねえ、一緒に動物園行こうよ!!」と猛スピードで追いかけてきた。
……という経験を思い出しても「やっぱ女の方が大変だよなあ」としみじみ思うのでした。

職場や学校での出会い

国立社会保障・人口問題研究所の2010年の調査によると、過去5年間に結婚した夫婦の出会ったキッカケは「職場や仕事」が約3割、「友人等の紹介」が約3割、「学校」が約1割。

近距離恋愛の強さがわかりますね。人は生活圏内にいる人を好きになる傾向が高いのです。

周りのオタク既婚者に「奥さんとどこで知り合ったか?」と聞くと「職場・仕事関係」が圧倒的に多い。奥手でコンパではアピールできない男性も、一緒に働くうちに内面のよさが伝わって恋に発展する、というパターンでしょう。彼らを見ていると、オタクと職場恋愛の親和性の高さがわかります(以下、職場恋愛について書きますが、学内恋愛も基本は同じ。学生さんは女子率の高いアルバイトを探すのもいいですね)。

職場の女性と付き合いたければ、普段の印象が何より大事。「いつ何どきも、誰に対しても紳士たれ」を日々実践してください。重い荷物があれば持つとか、コピー機が詰まったら直すとか、率先して切れた電球を替えるとか。そんな行動に女は「いい人だな～」と好感を抱きます。

職場の女性は、まずはランチに誘うのがオススメ。誘いにくければ、ちょっとした頼み事をするとよし。何か仕事で頼めることはないか、ひねりだしてください。

仕事上で見つからなければ、「出産祝い（または親戚の子の誕生日プレゼントなど）を贈りたいんだけど、意見を聞かせてくれないかな？」と頼んでみる。「オススメのお店やサイトはある？」って具合に。そんな軽い頼み事をしたうえで「お礼にランチでも」と誘うとスムーズ。そこから親密度を深めていって、晩ご飯に誘いましょう。

職場の女性の心をつかむには「いい相談相手」になるのがベスト。ブライトさん作戦ですね。地味で不器用なブライトさんも、ホワイトベースのお袋さんの心をつかんだ。女は「この人には何でも話せるし弱音も吐ける」と思うと、相手を特別な存在だと意識します。やはり女は「いざという時に頼れる人、受け止めてくれる人」を求めている。よってここでもヒアリングベースが効果的。

ただし！　職場恋愛にはリスクもあります。しつこく迫ると、困った人として噂を立てられることも。セクハラ・パワハラと言われるリスクもあるので、相手が迷惑がっていると感じたら、すぐさま撤退する引き際のよさが肝心です。

サークル・習い事・ボランティア

これらの特徴はオフ会と同じなので、そちらをご参照ください。違いは、一度きりじゃなく何度も会える状況を作れること。

なので、初対面が苦手な人や相手の人柄をじっくり見極めたい人にはオススメです。私の友人にも、バスケやウクレレのサークルで彼氏を見つけた人がいます。デメリットは、オフ会と同じで出会いを求めてない人やフリーじゃない人もいる点。

習い事は趣味を楽しんだり特技を身につけつつ、異性と接点を増やせます。陶芸教室や語学スクールなど、基本的に習い事は女性率が高め。

料理やお菓子作りやお茶やお花の教室はほぼ全員女なので、男性はいるだけで人気者になれることもあります。イジられ系の弟キャラや乙女度の高いフェミニンキャラは、こういう場で人気が開花したりもする。

ただし男性は入会できない場合もあるので、事前に調べてください。また、おばちゃんだらけの活け花教室に行ってもおばちゃんにイジられ倒して終わるので、体験レッスンなどで確認しましょう。

ボランティアは、社会貢献しつつ異性と出会えます。そんな心がけでいいのかという話はまあ、おいといて。「人からよく真面目すぎると言われる」という男性は、ボランティアで同じくらい真面目な女性と出会うのもよいでしょう。また「政治や社会問題に関心のある女性と付き合いたい」という人にもオススメ。

お店（バーなどの飲食店）

私と夫は地元のバーで出会いました。この出会いの最大のメリットは、普段接点のない人と知り合える点。我々にしてもバーで出会わなければ、お互いの存在を知ることはなかったでしょう。あくまで偶然の出会いなので、「今すぐ出会いたい」という人にはお勧めしません。ただ、バーはスパーリングにはベストな場所。奥手な男性もお酒が入れば話しやすいし（酔っ払いは嫌われるので注意）マンツーマンでじっくり会話できるのもメリット。

私は15年来バー通いを続けていますが、たまにすごく面白い人に出会えます。私が今まで出会った女性にも、エロ漫画家や新聞記者や精神科医や会社経営者など、いろんな人がいました。彼女たちは個性的で魅力的でしたが、「絶対コンパやお見合いパーティーには来ないな」というタイプばかり。まず仕事が忙しいし、そういう場所に興味がないし。普段接点のない人との思いがけない出会いを求めて、バーに通うのもいいかもしれません（オシャレな立ち飲みなども女性率は高い）。

バーでは相手もお酒が入っているため、気軽にリラックスして話せます。「このお店はよく来るんですか?」と積極的に話しかけてみましょう。地元のお店であれば共通の話題も多いし、「どこそこの焼き鳥が美味い」といった話題からデートにも繋げやすい。

お店を選ぶ際は、大きすぎないアットホームな店を選ぶこと。お店によってはバーベキューやスポーツ観戦などのイベントを開いてるところもあります。

バーで出会いを探す場合、お店の人と仲良くなるのがコツ。お店の人と仲が良ければ、女性も「変な人じゃないだろう」と安心します。またお客のフリーの女性を紹介してくれたりコンパに誘ってくれたりと、出会いが出会いを呼ぶケースもあります。

店員さんとの出会い

異性と接点の少ない男性は、店員さんに恋することも少なくない（私の女子校の同級生も店員さんや美容師さんによく恋してました）。

店員さんは優しい笑顔で接してくれるので、それが接客であることを忘れ、ぽーっとなってしまいがち。そしてぽーっとなられがちなのは、美人の店員さんです。

美人の店員さんは、客にナンパされたり連絡先を渡されるのが日常茶飯事。私も女性読者から「バイト先のお客さんに待ち伏せされて怖い」といった相談をよく受けます。彼女たちはお客さんにモテすぎて迷惑している。そのため、恋愛に発展させるのは難しいと考えた方がいいでしょう。

可能性があるのは、その店員さんが世間的に見てさほど美人じゃない場合。普段からモテすぎて迷惑してなければ、好かれて嬉しく思うかもしれません。が、もちろん好かれる相手によります。

礼儀正しく感じがよくて雰囲気がオシャレな人なら、嬉しく思うでしょう（少なくとも私は思う）。そこから恋愛に繋がるかは未知数ですが、ダメもとで連絡先を渡すのもアリ。

何度かお店に通って軽く会話を交わす関係になってから、連絡先を書いたメモを渡しましょう。メモには名前と携帯番号と携帯アドレスを記入すること。社会人は名刺も添えるとベター（学生なら学校名をメモに書く）。女性は得体のしれない異性に連絡するのは怖いため、身元がわかると安心します。

『いつも見てます』とか書くと怖いので、『よかったら連絡ください。一度お茶してもらえると嬉しいです！』と書きましょう。これだと「まあ、お茶くらいなら」と思ってもらえる可能性もある。それでも連絡がない場合は、キッパリ諦めましょうね。

インターネットの出会い

昨今、婚活サイトの利用者が急増しています。真剣に結婚に繋がる相手を探したい人は、利用するのも手でしょう（有名どころはヤフー縁結び・ブライダルネット・エキサイト恋愛結婚など）。

条件で相手を検索してメールを送るシステムなので、条件の合う人にピンポイントでリーチできるのがメリット。その他のメリットとしては「自宅で好きな時間に活動できる」「会話は苦手だけどメールが得意な人に向いている」「大人数の中から比較して選べる」など。

ただし女性側も条件で検索して絞るので、年収の低い人や正社員じゃない人、田舎に住んでいる人には不利。逆に年収の高い人や安定した職業の人、都心に住んでいる人には有利。

女性は「容姿のいい20代の女性」が圧倒的に人気だそう。が、プロフィールには自分史上最高に映りのいい写真を載せるため、３割減くらいに見積もった方がいい。私も女友達に婚活写真を見せてとせがみ、「ゼッタイ詐欺やって言われるわ～」と見せてもらって「詐欺や!!」と叫びました。

男性ももちろん、自分史上最高に映りのいい写真を載せましょう。婚活サイト利用者によると、男性はお見合い写真風よりも、カジュアルな服装の方が女受けがいいんだとか。ここでもオシャレな人は珍しいので、雰囲気イケメンに変身して撮影しましょう。

写真もプロフィールも、周りの女性にチェックしてもらうのがベストです。膨大な数の中から写真とプロフィールで選ばれるんだから、ここは恥を捨てて頼んでみましょう。

私からのアドバイスとしては、写真は誠実さが伝わる笑顔で。プロフィールは具体的に書くこと。趣味に読書や映画鑑賞と書いても印象に残らないので、好きな本や映画のタイトルも書くこと。「料理が得意」「子供が好き」とアピールするのもいいですね。まあ嘘は書いちゃいけませんけど。

あと、わざわざマイナスなことは書かないこと。「趣味はギャンブル」とか「暗く悩みがちな性格」とか。「こんな女性はお断り」といった高飛車な文章もいけません。

男性は待っててもメールはこないので、積極的にメールを送りましょう。ただしコピペで一斉送信はダメ。「プロフィールのこういう部分に惹かれた」と説明を入れること。自分のことばかり書かず、「映画はどんな作品が好きですか？」など相手への質問を入れること。

もう少し自然に出会いたい人は、一般のSNSを利用しましょう。趣味や地元のコミュニティに登録し、コメントでからんだりオフ会に参加したりと活動してください。ここでもプロフィールを充実させることが大事。

SNSで過去縁をたどることもできます。同級生と繋がって同窓会を開いてみるとか。あなたが立派な大人に成長していれば、昔のマドンナ（浅倉南的な）と再会して付き合えるかもしれません。でも南は太ってレオタードの似合わないおばちゃんになってるかも♪

知り合いの女性はFacebookで8年前に別れた元彼と繋がり結婚しました。これは繋がってよかったねって例ですが、Facebookは繋がりたくない人とも繋がってしまう。

私などいまだに呪ってる元彼もいるので、「知り合いかも？」とお知らせが届くと「元彼や！　出すな！」と画面に叫んでしまいます。でもFacebookはいろいろと使えて便利よ（フォロー）。

コンパや紹介

これを最後にしたのは「現時点でコンパや紹介の声がかかる人は少ないのでは」という判断から。

コンパや紹介の声がかかるには、「彼女がほしい」と**周囲に公言する**のが鍵。私など「ア○ウェイの人？」と疑われるほど「紹介して!!」と頼みまくってました。「ア○ウェイでもいい、彼氏がほしい!!」の心意気で。

コンパに誘われるのは「普通に異性と会話できて、見た目（服装と髪型）が普通レベルを満たしている人」。盛り上げ役のイケメンが誘われるわけじゃありません。というか、そんな人は市井《しせい》にはごくわずか。

幹事の第一ミッションは人数を揃えることなので、問題がありそうな人（緊張して黙り込む、空気を壊す、あまりにもダサすぎる）でなければ声をかけます。それにやる気のない人を誘ってドタキャンされると困るので「安西先生、コンパに行きたいです!!」くらいやる気のある人が望ましい。よって雰囲気イケメンになってコミュニケーションのポイントを押さえれば、声をかけられるようになります。

ここで嬉しい報告を。読者のTさん（25歳）からメールを頂きました。

〈彼女がまったくできなくて、自分はゲイではないかと悩んでいたのですが、アルさんのコラムを読んで会う人会う人に「彼氏を探してる子を紹介してください」と言うようにしました。すると知り合いから女の子を紹介してもらえました。

会ってみるとお互い緊張感がかなり高かったのですが、サブカル・政治・自然科学の話で盛り上がり、その後コラムに書かれてあったステップを踏み、付き合うことができました〉

Tさんの勝因は「会う人会う人に紹介を頼む」というア○ウェイ方式を採用したことでしょう。「自分はゲイではないかと悩んでいた」と書かれてますが、周りも「女に興味ないのかな?」と思ってたのかもしれない。やはり、彼女がほしいと公言するのが鍵なのです。

ただし、公言の仕方は問題。職場や学校で「頼む! 紹介して! マジで! 誰でもいいから!」と言いまくると、「ほんと誰でもいいんだな」と女性陣に呆れられます。「真剣に付き合える人を探してるんで、いい人がいたら紹介してください」と落ち着いたテンションで言いましょう。

以上が出会いの場の特徴です。それぞれを見比べて、勝率や向き・不向きを考えてください。

うちの夫は「お見合いパーティーに行くくらいならグアンタナモ基地に入った方がマシだ」と言います。こういう人は自転車や爬虫類好きのオフ会やサークルなどに行った方がストレスもないし、同じ趣味でマッチングもしやすい。皆さんも自分に適した場所を予想してみましょう。

また、1ヵ所がダメでもいろんな場所を試してみること。すぐに結果が出なくても諦めないこと。

出会いの場に行ってもすぐに彼女ができるとは限りませんが、会話の練習になるし、出会いが出会いを呼ぶケースもあります。

山田くんにしても、勇気を出してバーに行ってみたら（スタバに行けない彼にとっては大きな一歩）私と出会って仲良くなり、アドバイスをもらったり女の子を紹介してもらえた。

彼女じゃなく女友達であれば、わりと簡単に作れます。女は友達付き合いが好きだから。

そして女友達の効能は、皆さんの想像以上に大きいもの。コンパや紹介に繋がるのも1つだし、女目線でアドバイスをくれたり、メールを添削してくれたり、服装や髪形の相談に乗ってくれたり、買い物に付き合ってくれたりもします。

「まずは気軽にお茶できる女友達を作ろう」という気持ちで、いろんな場所に出かけてくださいね。

第３章

シミュレーション、経済編

基礎の基礎からの恋愛の始め方

連絡先の聞き方

女性が連絡先を教えるのは、相手に対して「感じのいい人だな」「話してて楽しいな」と感じた場合。どんな場面でも、好印象を与えるコミュニケーションのポイントを心がけてください。

ただし、出会った場所によって難易度は異なります。

飲み会やコンパであれば、お互いに知り合いの知り合いなので、大抵は連絡先を教えてくれます。楽しく会話しながら、自然な感じで「アドレス教えてくれますか？」と聞きましょう（スムーズに連絡を取るには、携帯アドレスを交換するのが一番）。

次回の飲み会の幹事をするのもオススメです。場が盛り上がれば「また飲み会しようね」的な話になる。そこで「じゃあ俺が幹事するよ」と言いましょう。そうすれば、連絡先を聞く理由を作れる。「次の飲み会の連絡を送るのでアドレスを教えてほしい」と女性に言いましょう。

この方法は、オフ会やサークルなど他の場面でも使えます。人は集まれば「またみんなでご飯行こうね」的な話になりがち。その時に「幹事するよ」と言えば、連絡先を聞きやすい。

婚活系のパーティーなどは目的がハッキリしているため、好印象を残せば連絡先を教えてくれます。あまり話せなかった相手でも、雰囲気イケメンになれば教えてもらえる可能性は高い。紹介の場合、連絡先を聞かないのは失礼にあたります。相手も紹介者の手前もあるし、ほぼ確実に教えてくれます。

お店の店員さんなど、ほとんど話したことがない相手の場合。その際は連絡先を聞くのではなく、こちらの連絡先を渡しましょう（詳細はフィールド編を参照）。

オフ会やバーなど、出会い目的の場ではなく、知り合いでもない場合。連絡先を聞かないと二度と会えないかもしれないけど、見ず知らずの異性に連絡先を教えるのをためらう女性も多い。そこで会話の中で会社名や学校名を出して、相手の警戒心を解いてください。その上で楽しく会話して好印象を残し、連絡先を聞きましょう。

知り合った人に連絡先を聞くのは、特別なことではありません。この **”特別でない感“** を演出するのが大事。下心むき出しでがっついたりせず、友達感覚でナチュラルに聞きましょう。

連絡先を教えてもらいやすくするコツは、「よかったらアドレス教えてもらえませんか？」と言いながら、携帯を相手の前に出すこと。すると相手もつい自分の携帯を出します。そこですかさず「赤外線通信できますか？」と聞きましょう。この流れだと「まあいっか」と教えてくれる女性は多い。

赤外線通信に失敗したら、ひるまず「じゃあアドレス教えてください」と言いましょう。この時、メールの新規作成画面を開きながら言うのがコツ。すると相手は「まあいっか」と教えてくれます。

アドレスを聞きながら宛先入力して、その場で空メールを送ること。このひと手間をかけることで「アドレスが間違ってて届かねえ！　うわらば！」と阿鼻叫喚せずにすみます。

その他のコツとしては、相手にとっての必要性を作ること。仕事や趣味の話をしながら「それならこのサイトが役立ちますよ、よかったらメールで送ります」といった具合に。

パソコンが得意なら、パソコンの話をふって「トラブルで困った時はこのサイトで調べると便利ですよ」とか（あくまで会話の流れの中で自然に言うこと）。

「ひょっとしたらアドレス教えてくれないかも」と不安な時はSNSの話をふって、ユーザー名を聞くのも手。その方が携帯アドレスを教えるよりも、女性にとってハードルが低いから。

「m・i・x・iやってます?」的な話の流れから、携帯を出して自分のページを開き、相手に「なんて名前で登録してるんですか?」と聞いて、その場で相手のページにアクセスする（ユーザー名だけではたどりつけないことが多いため、ここでもひと手間を惜しまないこと。Facebookは個人情報が多く載っているため、m・i・x・iの方が難易度は低い）。

小さな工夫としては、ペットの写真アルバムをSNSに載せること。女は動物ネタには食いつきがいいもの。「うちのヨーゼフの写真みます?」と犬バカアピールしながら画面を開けば、その流れで「登録してますか?」と聞きやすい。さあ、あなたもペット写真を撮ろう♪

ただし目的は連絡先を聞くことではなく、連絡を取り合うことだとお忘れなく。あなたに「感じがいい、話してて楽しい」という印象を抱けばこそ、その後のやりとりに繋がるのです。

メールのやりとり

メールのやりとりのコツは**「基本は相手に合わせながら、やや控えめに」。**

女性によってメールの送り方・書き方は様々です。あまりメールしない人もいれば、1日に何十回もメールする人もいる。即レス派の人もいれば、丸1日たってから返信する人もいる。絵文字やデコメを多用してテンションの高い文章を書く人もいれば、超シンプルで素っ気ない文章を書く人もいる。これらは見た目や人柄からはわかりません。

大切なのは、相手に合わせること（頻度や絵文字や文章の長さやテンションなど）。相手に合わせながら「やや控えめ」を心がけるのがベスト。というのも、好きな相手には気をつけないとついやりすぎてしまうから。長文を送ったり、何度も送ったり、文章に想いがこもりすぎていたり。

メールだけじゃなくすべてに言えますが、女は**「必死すぎると重い」**と感じます。自分も相手をよっぽど好きじゃない限り、必死すぎると重いし、余裕のなさに引いてしまう。「気持ちに応えられないと悪いから、会うのはやめよう」と思ってしまうのですね。だから何事もやりすぎは禁物。

メールに質問を入れると返事が返ってきやすいと言われますが、質問も1つか2つにしましょう。

いくつも質問されると相手は面倒くさく感じます。返事がこないと気になって〈今何してるんですか?〉とか送りたくなりますが、詮索したり返事を強要するのもやめること。

メールで自分をアピールしようと意気込むのもやめましょう。なぜなら、メールは残るから。会話の中でなら普通に聞こえる言葉でも、文章で読むと重くなりがち。それに、意図が伝わらず誤解されたりもする。メールって難しいんですよね。

だから自分の魅力を伝えるのは、あくまで会った時に。メールでは意気込みすぎず、あたりさわりのないやりとりを心がけましょう。

心配しなくても、メールの最後に〈仕事忙しそうですが、体に気をつけてください〉〈寒いので、風邪ひかないでくださいね〉といった気づかいの言葉があれば、好感度は上がります。

相手から返事がない場合。単にメール不精なのか忙しいのか忘れてるのか脈がないのか、真相は本人以外はわからない。返事をくれない理由を尋ねたりせず、1日以上たってからさらっと軽いメールを送りましょう。それで返事がなければ「縁がなかったんだな、カーッカッカ!」と泣き笑いして諦めることをお勧めします。

諦められない場合は、1ヵ月以上たってから〈最近どうですか?〉とさらっと軽くメールしましょう。相手の状況や心境が変わっていて、返事がくる可能性もゼロではない。それでも返事がなければ「彼女はもともと存在しなかったんだ、青春の幻影なのだ」と自分に言い聞かせましょうね。

デートに誘う

異性をデートに誘う時は、**考えすぎず、気軽に誘う**のがポイントです。

恋愛経験の少ない人は、デートひとつ誘うにも「相手にどう思われるだろう」「そもそも自分は相手を好きなのか?」とあれこれ考えまくります。一方、恋愛慣れしてる人は「とりあえずデートしてみっか」と気軽に誘うのです。で、その方が女性も気軽にOKしやすい。

先のことを考えたところで、実際に2人で会ってみなきゃわかりません。気になる異性をデートに誘うのは、特別じゃなく普通のこと。「普通のことなんだ」と自分に言い聞かせて、エイヤと誘ってしまいましょう。

初デートの基本は、一緒にご飯を食べること(晩ご飯が一般的ですが、相手がランチを希望する場合は合わせましょう)。

巷の恋愛本は1日がかりのデートプランを提案してますが、これはお勧めできません(例=昼1時に待ち合わせて映画や美術館に行ってから街を散歩してご飯を食べる的なプラン)。

相手の性格や関係性にもよりますが、「そこまで親しくない異性と1日過ごすのはハードルが高い」と考える女性は多い。緊張するし会話が続くか心配だし。

それに「必死すぎると重い」と感じるため、練りに練ったデートプランも必要ありません。OK

をもらうことを第一に考えれば、初デートは「さくっとご飯でも」と誘う方が成功率は高い。

コミュニケーション編で述べたように、恋愛はトーナメント方式。あなたが相手を好きでも、相手はまだそこまでの温度じゃないのです。

メールや会話の中で「○○でご飯を食べたけど美味かったです」と話をふれば「へえ、どんなお店ですか？」と相手は聞いてきます。そこで「これこれこんな店なんですけど、よかったら今度一緒に行きませんか？」と誘うとスムーズ（メールや会話の中で「あの映画が観たい」的な話が出た場合、共通の趣味（ライブやイベントなど）がある場合は、それプラス晩ご飯に誘いましょう）。

他には「普段どんなところでご飯食べてるんですか？」といった会話から「××に○○って美味い店があって、よかったら今度一緒に」と誘うとか。「食べ物は何系が好きですか？」と聞いてみて「××に美味いパスタの店があるんですけど」と誘うとか。基本的に女は美味い食べ物に弱いので、こういう誘い方だと乗ってくる確率は高い。

会う用事を作るという方法もあります。それには、**物を貸す**のがオススメ。

ヒアリングベースで相手の興味のある分野を引き出し、「じゃあ○○好きかも、今度よかったら貸しますよ」という具合に。本・漫画・ＤＶＤ・ＣＤを貸すのをキッカケにデートに繋げるのです。

たとえば、国民のほとんどは宮崎アニメを観ています。宮崎アニメの話から「『カリオストロの城』って観たことありますか？　面白いんで今度よかったら貸しますよ」とか。

国民のほとんどはSF大作を観ているので（『アバター』とか）、そこからSF映画の話をして「『マトリックス』や『スターウォーズ』は観たことあります？」とか。

TSUTAYAで借りりゃすむ話なのですが、特別版なら特典映像もついてますしね。「貸しますよ」と言われて「結構です」と断る人も少ないし。

ただオタクにありがちな〝熱く語りすぎ〟には注意しましょう。会話のキャッチボールが楽しければこそ、「DVDをキッカケにまた会ってもいいかな」と相手は思う。その基本を忘れずに。

物の貸し借りをからめれば、相手がメールで感想を送ってくれたり、その後のメールのやりとりにも繋げやすい。貸した物を返す時に会えるし、その時にまた何か貸せば次のアポにも繋げられて、とっても便利。このテクはいいものだ。

デートを実現するためには「ご飯行きましょう」の後に「いつが都合いいですか？」と付け加えましょう。そこで相手に「ちょっと予定がわからなくて」と言われた場合。本当に予定がわからない場合と、デートに応じるか迷っている場合があります。

その際はゴリ押しせず「じゃあまたメールします」と言って、後日メールで予定を聞きましょう。

それでも相手が〈まだ予定がわからない〉と返してきた場合。〈来週にはわかるんですけど〉と続いていれば、デートできる可能性は高い。〈予定がわからない〉のみであれば、現時点で相手は乗り気じゃないと判断するのがベター。次のデート相手を探すことをお勧めします。

諦められない場合は、その後はデートの件には触れず、メールを続けましょう。相手が「やっぱデートしてみようかな」と気が変わる可能性もゼロではない。ただし追うとますます逃げられるので、ライトな友達感覚を心がけてください。

デートのお店選び

ここで担当マスオさんから横やりが。

「別に店なんかどこだっていいじゃないですか」

だからコイツ（失礼）には彼女できないんだ……と思いつつ私は聞きました。

アル「別に居酒屋でもいいじゃないかって？」

マスオ「はい。オシャレで素敵な店に連れて行け、とかいう女の人はちょっと」

アル「じゃあマスオさんは初デートに、相手がボサボサのジャージ姿で来たらどう思います？」

マスオ「それは、やる気ないのかよって萎えますね……あ、それって同じこと？」

ハイ同じこと。女は付き合った後なら居酒屋でもかまわない。でも初デートくらいは、頑張ってお店を選んでほしい。その**「気持ち」**が嬉しいから。

女は気持ちを重視する生き物。だから「（デートの場所は）○○さんの行きやすい場所でいいですよ」といった言葉が嬉しい。平日なら会社の近くとか、週末なら家から行きやすい場所とか。

それでは、初デートにふさわしいお店とは？

和食やイタリアンが一切食べられない人間はいないので、いずれか1つは押さえておきましょう。また女性はスペイン料理・ベトナム料理・タイ料理なども好きなので、それも1つ押さえておくとベター（事前に「好き嫌いはないですか？」と聞いておくと、気づかいに好感度がUPします）。

デートではお店の雰囲気が大切です。雰囲気は実際に行ってみないとわからないので、「デートにオススメの店ってある？」と周りに聞いてみましょう。

聞ける人がいない場合は、インターネットや雑誌で「デートにオススメの店」を探しましょう。食べログなどで〈ゆったり大人の空間でくつろぎデート〉〈ムードたっぷりの大人の隠れ家〉とか書いてる店を選んでください。クチコミも読んで、味や価格帯もチェックしましょう。

ポイントとしては、若干予算が高めの店を選ぶこと（5000円前後～）。そうすれば「行ってみたら居酒屋っぽいチープな店だった」という事態を避けられます。お店の雰囲気がいいと女性も気分が盛り上がりやすいので、ここは頑張りましょうね（外食し慣れてない人は下見に行っておくと安心。そうすればデート本番でも余裕を持って動けます）。

ネットで調べる際、近くでカフェやバーなど2軒目に使えそうな店も選んでおくとベター。

ついでに女の裏事情も。「足が臭かったらどうしよう」と怯える女子は多い。ブーツなどは長時間履くと蒸れるのです。またサンダルやヒールをよく履く人は、角質がカチカチだったり外反母趾に悩まされていたりする。女子界には〝オシャレな女に限って足が汚い〟という定説があります。

そのため、初デートでは靴を脱がない店を選ぶ方が親切といえるでしょう。

初デートの心得

デートの服装はビジュアル編を参考にしてください。シャワーを浴びて清潔にして、口臭チェックや鼻毛チェックも忘れずに。

デートでは**「リラックスして楽しもう」**という気持ちが一番大切です。緊張すると表情も強ばるし余裕のない態度になって、相手もリラックスできません。オススメなのは、待ち合わせで会った時に「なんか緊張しますね」と笑顔で言うこと。するとお互いにホッとして緊張がほどけます。

初デートは休日の夜6時~7時頃に待ち合わせるのが一般的(平日の仕事や学校帰りに会う時は、相手の都合に合わせましょう)。待ち合わせはわかりやすい場所、かつ携帯の電波が届く場所を選ぶこと。もちろん事前にお店の予約も忘れずに。

巷の恋愛本には「デートではエスコートが大切」といって、「イスは必ず引こう」「相手の荷物を持とう」「トイレは大丈夫か聞こう」などと載ってますが、そんなことはどうでもいい。横並びの席ならイスを引いてあげればいいし、重い荷物ならば持ってあげればいい。

でも、そんな表面的なことは大切じゃないんですよ。男目線の恋愛本にはそれがわからんのです!! 要するに、そういうのってマニュアルっぽい、点数稼ぎだと女は見抜くのです。細かいことにいちいち気をつかわれると、くつろいで楽しめないのです。

女は「お互いに自然体で楽しくデートしたい」と望んでいます。だから不自然なことは一番されたくない。デート慣れしてる男性は自然にエスコートするからいいのであって、不自然にするのは逆効果。それにしょうもないことに気を取られていると、肝心なことがおざなりになります。

肝心なのは、リラックスして楽しく会話すること。思いやりと想像力を持って相手に接すること。表面的なことに気を取られていると、基本を忘れてしまいがち。男目線の恋愛本を真に受けないようにしましょうね。

女がデート中に嫌だと思うのは、イスを引いてくれないとかじゃなく、店員さんに偉そうにするとか、お年寄りに席を譲らないとか、車の窓から煙草を捨てるとか、そういう基本的なこと。

エスコートは「歩くペースを合わせる」「なるべく車道側を歩く」「お店のドアを開けてあげる」この3つで十分、それ以外は必要なし。「必死すぎると重い」と書きましたが、デートでも相手に好かれようと意気込むあまり、必死になりすぎないようにしましょう。

私は恋愛慣れしてない男性と何度かデートしましたが、彼らは初デートでいきなりプレゼントをくれたり、「その漫画読みたいな」とふと言った漫画を何十冊も抱えてきたり、「○○に興味ある」とふと言った○○についてプリントアウトした紙のごっつい束を持ってきたりしました。

その気持ちは心からありがたい、でも重い、重すぎる。大気圏を突破して初めて地上に降り立ったアムロくらい、重さを感じるのです。

皆さんも、好きでも嫌いでもない女子に初デートで手編みのマフラーをもらったら、重いと感じますよね？　女も同じように「申し訳ないけど、そんな想いには応えられないのでもう会わない方がいいですね、ごめんなさい」と感じるのです。

女は自然体でリラックスして食事と会話を楽しみたい。それ以外のことは望んでないし、余計なことをすると逆効果。あなた自身も、食事と会話を楽しむ気持ちで臨みましょう。恋愛はトーナメント方式なのを忘れずに、「楽しかった→また会いたい」と思わせることに集中してください。

1軒目のお店

お店では携帯はポケットかカバンにしまうこと（チラチラ見られたり触られると気が散ります）。

席に着いたらまず飲み物をオーダーし、続いて食べ物をオーダー。「苦手な食べ物はないですか？」と気づかいがあるとよし。マスオさんと食事に行った時、いきなり6品オーダーされて私は

1品も頼めませんでした。メニューは相手と相談しながら……って、こんなの書かなくてもわかりますよね？　マスオさんてば、何やってんの。

食べ物が運ばれてきたら、ゆっくり食事と会話を楽しみましょう。食べ方が汚いとマイナスなので（クチャクチャ音を立てる、口に物を入れたまましゃべる、ひじをつくなど）不安な人はインターネットで「食事のマナー」を検索してチェックしてください。

初デートでやりがちな失敗は、緊張のあまり飲みすぎてしまうこと。結構いるんですよ、テンションを上げようと飲みすぎて酔っ払って失言したりセクハラっぽくなったり最悪はゲロ吐いちゃう人とか。そうなったらもう、楽しむどころの騒ぎではありません。冷静さを保つためにも、必ずほろ酔い程度にとどめましょう。「坊やだからさ」とロックで強いお酒を飲んだりしないように。

店員さんがサービスしてくれたら「ありがとう」、お店を出る時は「ごちそうさま」と声をかけるのも忘れずに。

目安として、だいたい2～3時間で食事は終わります。恋愛本には「会計は相手がトイレに行ってるすきに」とありますが、そんなオッサンみたいな技、効かぬのだ。普通に女性の前で払えばOKです（テーブル会計かレジ会計かは店員さんの指示に従いましょう）。

奢りかワリカンか？　ですが、女性によってお会計の考え方は様々。ただバブル世代より下の世代で「デートはいつも奢りじゃなきゃ嫌」と考える女性は少ない。

会社員時代、バブル世代の女の先輩がコンパで「全額男の奢りじゃないなんてありえないでしょ」と言うのを聞き、「これがオールドタイプということなのか」と衝撃を受けました。同時に「一番年くってるくせに何言ってんだ」とも思った。身についた価値観は変わらないんでしょうが、そのせいで女のイメージが悪くなるんですよね〜。

ブログで意見を募ったところ、20代はワリカン派が多数。30代は「男性がやや多めに払ってくれると嬉しい」といったところ。もちろん、お互いの年齢や立場や収入にもよります。それに男性が明らかに多く飲み食いした場合は、多めに払うのが礼儀でしょう。

初デートに限っては「とりあえず1軒目は奢っといたら?」というのが私の意見。「来てくれてありがとう」という感謝を表すためにも。女はその気持ちを嬉しく思うものだし。

相手が「いえ払います」と言ったら「初めてだし僕から誘ったんで!」とさくっと答えましょう。心ある女性なら「じゃあ次は私が払います」と言ってくれます。払うと強く主張されたら、金額の1/3程度もらいましょう。何が何でもワリカンと言われたら、素直にワリカンにしましょう。

2軒目のお店〜デート終了まで

1軒目のお店を出たら「この近くにバー(またはカフェ)があるんですけど、どうですか?」と打診しましょう。相手にも都合があるので、無理強いしてはいけません。

相手がうんと言えば、いざ2軒目へ。お酒が好きな女性ならバー、お酒が飲めないか甘い物が好きな女性ならカフェへ。とはいえバーにもノンアルコールの飲み物はあるしカフェにもお酒はあるので、厳密に考える必要はありません。なるべく近くで雰囲気のいいお店を選びましょう。

2軒目に行くメリットは、親密度が高まる点。女は理屈よりも**気分**に左右されるので、ご飯が美味しくて会話が楽しくてほろ酔いでいい気分だと「この人いいかも？」という気分になりやすい。

そこで、2軒目はカウンターやソファのあるお店を勧めます。物理的な距離が縮まることで、2人の距離も縮まったような気分になるから。

一緒にメニューを覗き込んだりすると、さらに親密度がUP。一緒に携帯画面を覗くのもいいですね。相手の声が聞こえないフリして「えっ？」と体を近づけるとか、私もよくやったものよ。

ただし（黒板をばんと叩いて）！　なれなれしく触ったりするのは絶対にNG。セクハラ野郎と振られます。女は嫌いな男に触られたり近づかれるとゾッとしますが、2軒目に付き合ってくれたなら少なくとも嫌われてはいない。でもまだ好意が発生しているかはわからないので、「距離を縮める」くらいに留めましょう。

相手があなたの体に触ってきた場合（肩や太ももを触るなど）。とっさに勃起するかもしれませんが、ぐっとこらえて。こらえても勃起するものはするので、ピタピタのパンツは避けた方が無難。

この場合は「確実に嫌われてない」と判断してよいでしょう。ただし、まだ好かれてるとは限りません（気軽にスキンシップする女性もいるので）。

女性からスキンシップしてきたら、「頭を撫でる」はしてもOK。「偉いなあ」「よしよし」とか言いながら、軽く頭を撫でましょう。女は頭を撫でられるのが好きなので、親密度はさらにUPします。だからってキスしたりホテルに誘ってはいけませんよ？　脈があったとしても、どの程度の脈かはわからない。「またデートしてもいい」程度の脈かもしれない。それにデート→告白→キスとちゃんとステップを踏むことで、女は「大切にされてる」と感じるのです。

2軒目は様子を見ながら1～2時間で腰を上げましょう。相手が「ここは私が」と勘定を申し出たら、カフェのお茶代程度なら出してもらいましょう。

お店を出て駅に向かいながら、ついにデートも終わりです。相手が乗る駅の改札まで送ったら「今日は楽しかったです、ありがとうございました、また連絡します！」と爽やかに別れましょう。

その後、相手にメールを送ります（別れて5分～20分以内に）。内容はこんな感じで。

〈ありがとうございました！　今日は○○さんとご飯に行けてすごく楽しかったです。また行きましょう。遅いので気をつけて帰ってください。それじゃ、また連絡しますね〉

これにデートの感想を多少加える程度でOK。返事をくださいと書かなくても、マトモな相手なら返事します。

デート中に「次はどこそこに行こう」という話が出たなら、それについて触れるとよし。でも特にそんな話が出てない場合は、前のめりに「次のデートはどうしますか？」と書かないように。これも重いと思われるリスクがあります。後日メールのやりとりをする中で、改めて誘いましょう。

「1回目が楽しければ、2回目も会ってくれる」、これが真実です。楽しい時間を過ごすことに集中してください。

ここまで読んで「デートに特別なテクは必要ない、普通の社会人としてのマナーがあれば十分だ」と気づいたと思います。本書の基本さえ頭に叩き込めば、デートはきっとうまくいきますよ。

初デートは誰もが緊張するもの。その緊張を無理に隠そうとせず、自然体で振る舞うことで好感度は上がります。女はスマートさよりも、素直さ・素朴さ・誠実さを求めるものだから。

それに気になる異性と会っていれば、緊張よりも楽しさの方がずっと上回るはず。経験を積むためにも、気軽にデートに誘ってみましょうね！

2回目以降のデート〜告白・キス

デートについての勘違い

2回目のデートに繋がらなかった時、男性は「スマートにエスコートできなかったからだ」と勘違いしますが、原因はコミュニケーションにある場合がほとんどです。

盛り上げようと全力でしゃべったら、話を聞かない人と思われたりとか。受けを狙って毒舌や自虐や下ネタを言ったら、相手に引かれてしまったりとか。異性と接する機会が少ないと、普段の癖がついついつい出てしまいがち。

特に毒舌や自虐や下ネタは、親しくない異性の前で話すと誤解を与えます。

あなたも女性と初デートでドライブに出かけて「前の車トロすぎでしょ、免許とらせる国がバカだよね〜」と言われたら、ちょっと引きませんか？　「この女、性格悪い？」と感じますよね。

相手の性格の良さを知っていれば「冗談で軽口叩いてるだけ」と理解できる。根は優しいけど口が悪い、とギャップ萌えにも繋がる。でも親しくなる前だと、マイナスに繋がるのです。

山田くんも会社の歓迎会で「好みのタイプは？」と聞かれ「ツンデレ巨乳です！」と答え、女子にドン引きされたと語ってました。ネタのつもりでも、本気で言ってると誤解されてしまうのです。

私も呼吸するように下ネタを吐く癖がありますが（フェラガモと言おうとしてフェラチオと言ってしまったり）、親しくなる前は下ネタは控えて、じょじょに小出しにします。普段の癖が出ないよう、皆さんも注意してください。親しくなる前は、**紳士的な塩むすび路線**を心がけましょう。

また、担当マスオさんから「デートって押せばいいものじゃないんですね」と感想をもらいました。私は「みんな『押す』を勘違いしてるんですよ」と答えた。

押しの弱い男はダメだと言われます。でもそれは、自分からデートにも誘わない男を指すのです。話しかけるのもメールするのもデートに誘うのも告白するのも、全部相手からしてほしい。そんな受け身な男はもちろんダメ、自分は何もしてないいんだから。

一方、自分から連絡先を聞いてメールしてデートに誘うのは、ちゃんと押している状態。やるべきことはやってるんだから、それ以上押す必要はないのです。そこでむやみに押すと「必死すぎて重い」と相手に引かれてしまう。

マスオさんも初デートで巨大なぬいぐるみをプレゼントしたり、強引に押すべきだとラブホテルに誘って、ドン引きされたそうな。何もしないか、やりすぎるか。恋愛初心者はその両極端になってしまいがち。女は男の10倍鋭いので、表情や仕草から相手の好意に気づきます。相手が遊び半分でデートしてるか真剣かくらい、見抜けるのです。だから「俺はこんなに好きなんだー!!」と必要以上にアピールしなくてよし。

女はデートを重ねるうちに好きになっていくので、初めに温度差がありすぎると「気持ちに応えられないから断ろう」となってしまう。

ナンパ師などの肉食系は緻密なカケヒキをしていることをお忘れなく。そんなカケヒキなどできない恋愛初心者は、強引に押して落とせる確率よりも、引かれる確率の方が高い。

やるべきことはやって、過剰なことはしない、これが正しい方法。デート3回目までは、楽しい時間を重ねること。その後、自分から告白すること。以上があなたがやるべきことのすべてです。

とはいえ、弱気になってもいけません。2回目のデートに応じてくれたなら「嫌われてはいない」と判断してよい。でも現時点で相手が「付き合ってもいい」と思っているかはわからない。大抵、デート3回目までは**様子見**していることが多い。

様子見されてる側としては「脈はあるの？　ないの？　どっち？　キャー！」と心は応仁の乱のように乱れるでしょう。でも一喜一憂して弱気になると、オドオドした態度になって出てしまう。「弱音は禁物でしょ？　ブライト少尉」と自分に言い聞かせ「会ってくれるってことは可能性があるんだ」とシンプルに考えてください。そして「脈は作るもの」の心意気でデートを続けましょう。

2回目以降のデート

2回目以降は「行きたいところはありますか?」と相手に聞きながらプランを立てましょう。

映画・買い物・動物園・水族館・観光地などを希望する女性もいるし、「まだ大げさなデートは緊張するから、ご飯だけでいいわ」と考える女性もいます。

相手に特に希望がない場合、「晩ご飯」もしくは「映画+晩ご飯」が無難です。映画は自分の趣味を押しつけず、相手の意見を聞きながら作品を決めましょう。

2回目以降のデートも、基本は初デートと変わりません。落ち着いてリラックスを心がけること。楽しく会話のキャッチボールをすること。

女は「この人といると楽しい→また会いたい」「この人といるとホッとして癒される→もっと一緒にいたい」と思います。2回目以降のデートでは緊張もほぐれてきて、距離が縮まっていくでしょう。そこで相手が深い話をしてくるかもしれません(過去の恋愛・仕事やプライベートの悩みなど)。

そうなったらチャンスです。

男は「異性に弱いところを見せたくない」と考えますが、女は「弱いところを見せられる異性と付き合いたい」と考えます。弱い部分もひっくるめて自分を受け止めてほしいんですね。

その時は**「理解と共感」**を思い出し、相手の言葉にしっかりと耳を傾けること。

「いいところを見せねば」と意気込まず、まずは真剣に話を聞く。その上で自分の意見を言えば「優しくて頼りになる」と評価がぐっと上がります。しつこいけど、人の話を聞ける男は少ないのです。「それってこうでしょ?」と決めつけたり「俺の場合は……」と自分の話にすりかえる男が多い。

口下手でも話を聞ける男性は好かれます。これは女慣れしてないオタクにとって、嬉しい事実ではないでしょうか。そして女も「ちゃんと話を聞いてくれる男の人っているんだ」と嬉しく思う。そこから「この人には何でも話せる」と信頼感が増し、特別な存在になってゆくのです。

とはいえ、ぬか喜びしないように。誰にでも深い話をする女性もいます。ただあなたの受け止め方によって確実に評価は上がるので、二階級特進のチャンスだと思って頑張りましょう。

脈を判断する方法

女性から告白するのは、自分が片想いで追いかけている場合がほとんど。あなたからデートに誘ったのであれば、たとえ相手は「付き合いたい」と思っていても、告白されるのを待ってます。

告白のタイミングはいつがベストか?　は一概には言えません。2人の間に親密な空気ができていて、相手の気持ちが高まってる時がベストですが、そんなのわかるならこんな本読んでませんよね。

「告白して振られるのが怖いから、告白する勇気が出ない」という人は多いでしょう。それはみんな同じです。好きな相手に告白するのは、どんな人だって怖い。振られて二度と会えなくなるかもと不安で、躊躇しまくるもの。

その不安や恐怖を押して告白してくれるから、女心に響くのです。告白によって友達→恋愛対象に変わることも多い。勇気や本気度に男らしさを感じて、ガーンと揺さぶられるんですね。

いわゆる「スレッガーにビンタされたミライさん」状態。ガンダム知らない人にはわからない喩えで申し訳ない。まあ「ゴチャゴチャ言わず勇気を出せ！」は私の主義に合いませんので、脈を判断する方法について書きます。

「唇を舐めたらキスしていい合図、とかないんですか?」とマスオさんはあいかわらずアホなことを聞いてきますが、足を何度も組みかえたらエッチしたいとか、そんなのは都市伝説。

ただスキンシップと体の距離は判断材料になります。相手があなたの体に頻繁に触れてきたり、自分から体を近づけてきたら、好意がある可能性は高い。

表情や仕草からも読み取れます。会った瞬間、相手の顔がぱっと嬉しそうに輝いたり、会話しながらイキイキと目が輝いていたら、好意があるといえるでしょう。じっと目を見つめて集中して話を聞いていたり、心から嬉しそうによく笑うのも、好意があると考えられる。

あとは何より「会いたさ度」。相手があなたに会いたそう、会うのを楽しみにしてそうなら、好意がある。ただしメールで〈楽しみにしてまーす♡〉とかは誰でも書くので、行動で判断すべき。「次はここに行きたい」と積極的に言ってくるとか、毎週末ごとに会いたがるとか、忙しくても時間を捻出してデートするとか、それらは本当に会いたい証拠。

以上は女にすれば「こんなのわざわざ書かなくても当然でしょ？」ってことなのですが。これらはキャバ嬢が客を引っぱるテクでもある。好意がある風に装って、その気にさせるんですね。

あなたのデート相手がキャバ嬢でない限り、それらは営業じゃなく本物の好意。けれども、奥手な男性は鈍い。モテた経験がないから自分がモテてると信じられない。「勘違いしてガッカリしたくない」と防衛本能も働く。

そこで、告白の前に手をつなぐことを提案します。

告白の前に手をつなぐ

脈の判断はあくまで目安です。シャイで感情を露《あら》わにしない女性もいるので、先述の状態じゃなければ脈がないとは限らない。脈があるのに告白しなければ、タイミングを逸してしまうリスクがある（テンションが下がる、友達関係に落ち着く、他の男がアタックしてくるなど）。

私としては、デート3～5回目で告白することをお勧めします。

2人きりで3回以上デートしたなら、相手に嫌われてはいない。3回目以降のデートであれば、手をつないだからといって「キャッ、何するの!?」と怒るようなカマトト女はめったにいない（カマトトってひさしぶりに使ったわ）。

というわけで手をつないでみて、相手の反応を確かめてみましょう。

仲のいい男女でも友達同士で手をつなぐことはありません。手をつなぐとは「あなたに異性として好意を持ってますよ」と表明する行為。それがキッカケで、相手に友達じゃなく異性として意識してもらえる場合もあります。

3〜5回目のデートで、思い切って手をつないでみましょう。オドオド遠慮がちにではなく、男らしく堂々と。

相手がぎゅっと握り返してきたり、体を近づけてきたら、「いってよし」の合図。笑顔で顔を見つめてくるのも「いってよし」。恥ずかしそうでも嬉しそうな雰囲気が伝わってきたら「いってよし」。困ったナーという雰囲気なら「まだ気持ちがハッキリしてない」。これらの反応なら告白しましょう。

一方、手を離したり居心地が悪そうなら「現時点でそこまでの恋愛感情はない」ということ。今後もデートを続けるかは、あなた次第。ただ手をつなぐ行為を通して、友達→恋愛対象に変わる可能性もあるため、あと1回はデートに誘ってみるべきでしょう。

OKをもらえる告白

手をつないだ時点で、あなたの好意は相手に伝わります。けれども、告白は必ずしなければなりません。「告白せず自然な流れで付き合いたい」という態度は、男らしくないと判断されるから。

女が重視するのは**「本気度」**です。相手の気持ちがハッキリしてない場合でも、告白で本気度が伝わればOKをもらえる可能性は高い。

本気の想いは人の心を揺さぶります。よってメールで告白なんて言語道断。しっかり相手の顔を見て想いを伝えましょう。

告白は、人通りの少ない場所で。デートの帰り道、車の中、公園、夜景やイルミネーションの見える場所などが適しているでしょう。

「告白の場所にはこだわらない」という女性もいますが、「ムードのある場所で告白されると嬉しい」という女性も多い。素敵なムードが追い風になる場合もあるので、場所に凝ってみるのもよし。

とはいえ、肝心なのはムードよりも告白の中身です。女は本気度を重視するため、まっすぐ真剣に伝えましょう。「好きです、なーんて思っちゃったりなんかしちゃったりして」と広川太一郎のようにふざけると必ず振られます。

告白の言葉はシンプルが一番。「好きです、付き合ってください」とストレートに伝えましょう。

「なぜ好きになったの？」「どうして私なの？」と相手に聞かれるかもしれません。ここで「理由とかわかんないけど、なんとなく」と答えるのは0点。「顔が好みだから」はマイナス100点。

理由は中身を挙げるのが鉄則です。あなたが魅力を感じる点を素直に述べましょう。「一緒にいて楽しいし、誰に対しても思いやりがあって優しい人だと思った」「仕事を一生懸命頑張ってて尊敬できると思った」など、詳しく具体的に述べること。エピソードを挙げて「あの時、○○だと感じた」と言うのもよし。

女にとって付き合うのは、ゴールじゃなくスタート。付き合った後のことを真剣に考えるため、「ちゃんと私の中身をわかって言ってるの？　盛り上がってるだけじゃなく？　私じゃなくてもいいんじゃないの？」と不安になる。だから相手の本気度を知りたいし、好きになった理由も知りたい。そんな女が求めるのは、**正直で誠実な態度。**カッコよく決める必要はありません。緊張でガチガチになって口ごもっても、その方が正直・誠実と評価されます。

ここでイエスの返事をもらえたら、晴れてカップル成立。おめでとうございます！

相手が黙っている場合は、返事を迷ってるから。付き合ってうまくいくのか、別れてしまわないか、女は先のことまで考えます。だから付き合うと決めるのに覚悟がいるし、相手にも覚悟を求める。そんな女心に響く言葉はというと、

「僕は簡単に人を好きになりません。○○さんだから好きになったんです」

「○○さんを守りたいし、幸せにしたい。何もかも完璧にはできないけど、できる限りの努力をします」

「絶対に大切にします、だからチャンスをくれませんか？」

セリフのように棒読みで言うと0点なので、こんな感じのことを自分の言葉で伝えましょう。口ごもってもいいけど、視線をさまよわせたり、自信なさげにボソボソ言うのはダメ。相手の目を見てハッキリと言う、これだけは守ってください。女は弱気なところを見せられると落胆します。堂々と男らしく告白することで、迷っていてもＯＫに転ぶ可能性が上がるのです。

告白してその場で返事をもらえないことも珍しくありません。女が「もう少し待って」と言うのは、もったいぶってるわけじゃなく、もう少し考えたいから。

待ってと言われたら「待つっていつまで？　答えはいつ出るの？」と詰め寄らないこと。「わかりました、○○さんの気持ちが決まるまで待ちます」と潔く言いましょう。

その際「今まで通りデートに誘ってもいいですか？」と聞くこと。相手がイエスと答えたら、今まで通りデートに誘って会い続けましょう。楽しい時間を過ごし、脈を作っていくのです。

忍耐強く待ってくれる姿勢に、相手はあなたの覚悟と本気度を感じます。それで付き合おうと決心することも多い。

告白後に3回デートしても返事がない場合、再度告白しましょう。大抵そこで答えが出ます。5

回以上デートしても「待って」と言われたら、いったん身を引くのが賢明。「しばらく会わないでおこう」と自ら提案しましょう。距離を置くことで、相手があなたの存在の大きさに気づくこともあるから。

あと残念ながら、相手がズルい女という可能性もある。世の中には「自分を好きな異性をキープしたい」と考える人もいます（男は都合のいいセフレをキープしたい場合が多い）。

そんなズルさを感じたら、撤退して次を探しましょう。カラオケでシャ乱Qを絶唱して、キッパリ忘れましょうね！

1つ事例を紹介します。友人のDくんは飲み会で出会った女子を好きになり、デートに誘った。そんなDくんの特徴は、とても小さいこと。158センチで、手なんか紅葉のよう。

Dくんが3回目のデートで彼女に告白したところ「友達としてはいいんだけど……」と断られた。そこで彼は「わかりました。でも僕は○○さんのこと好きなんで、あと3回だけデートしてくれませんか？　それでダメならキッパリ諦めます」と言った。

その後、彼は「やれることを精一杯やろう、それでダメならしかたない」と覚悟を決めてデートを続けた。そして3回目のデートの帰り、彼女から「付き合ってください」と申し込まれたんだとか。

この彼女の気持ち、女には理解できるはず。背水の陣でチャンスに賭けてくれた男気。逆境でも、くじけず頑張ってくれた心意気。

その姿を見て「この人となら幸せになれる」と彼女は確信したのでしょう。

その後2人は結婚し、私は披露宴に出席しました。すらりと美しい新婦を見て男性陣はやっかみ、私は新郎のシークレットブーツを見ながら胸を熱くしました。「小さいけど、君は漢《おとこ》なんだな」と。

そんな彼も、デート前夜は「きっと振られる、もう会えないんだ……」と枕を濡らしたという。それでも涙を拭いて「男なら悲しむ前にやるべきことをやれ！」（ⓒハーロック）と立ち上がったのです。

このように、心意気と行動次第で、振られてからの一発逆転もありえます。

女心をつかむキス

めでたく恋愛成就されましたら、いよいよキス。

今は21世紀でここはイスラム圏ではないので、付き合う＝キスと考えてかまいません。告白後に即キス、というカップルも多い。

ただ彼女が奥手なタイプであれば、告白後即キスは避けた方が無難。彼女が特に奥手でなく、手をつないだり腕を組んだり親密なムードであれば、キスしても大丈夫。

けれども、ガツガツがっついてはいけません。奥手・非奥手にかかわらず、すべての女は「がっつかれるのはイヤ」なのです。がっつかれる＝欲望のまま求められて大切にされてない、と感じるから。「がっついた方が負けなのよね」とカイのように飄々《ひょうひょう》と振る舞いましょう。

キスしたければ、2人きりになれるシチュエーションが必要です。人通りの少ない道、部屋の中、車の中、公園や夜景スポット（ただし公園や夜景スポットはカップルがやってたりするので注意）がよいでしょう。ベタだけど観覧車なんかも素敵ですね。私もそんな青春を送りたかった……。

さて！　キスのうまい下手は存在します。キスの上手な男性はそれだけで下駄を履けます。「セックスよりもキスが好き」という女も多いくらい、キスは女にとって重要。うまいキスをされると身も心も餅のようにとろけ、相手をますます好きになるのです。

そのぶん最悪なキスをされると、内定を取り消されたくらいガッカリします。

女が最悪なキスに挙げるのは「口の周りをベロベロ舐める」「すごい勢いで舌を入れてくる」「舌を高速

で回転させる」など。おぼっちゃまくんとパパのキスみたいなのが、最悪のキス。ＡＶでは男優が唾液の音を立てて貪るようにディープキスしますが、あれも現実にやると気持ち悪いと引かれます。

現実に女が望むのは、初めはソフトにキス→その後ゆっくり舌をからめる、というやり方。

ただし、初キスでいきなり舌をからめてはいけません。経験の少ない女性はディープキスに抵抗がある可能性も。まずは軽いキスで様子を見て、相手の反応を探りながら、舌を入れてよいか判断しましょう。

それでは具体的なテクニック。まず、唇の力を抜きます（どこにキスする時も唇の力を抜き、尖らせたりしないこと）。それから、そっと相手の唇に自分の唇を重ねます。しばらく唇の感触を味わった後、ゆっくりと離したり重ねたり、また角度を変えて重ねたりします。

この時、相手の体を抱きしめるか、支えるように片手を相手の頭に添えましょう。クイッと顎を持ち上げるのは、漫画のキスなのでやめましょうね。

そこからディープキスに移る場合、強引に舌をぶっこまず、ゆっくり入れていきます。ディープキスの基本は「ゆっくりねちっこく、舌と舌をからめあう」。舌全体をからめたり、舌先をからめたりしましょう。口の中で舌を回転させたり、いろんな場所を舐める必要はありません。巷の恋愛本には「歯の裏や上顎を舐める」「唇を噛む」と載っていますが、マニュアルっぽいのでやめること。

女が求めるのは、シンプルに舌と舌をからめるディープキス。そこに軽いキスや、唇を離したり重ねたり、角度を変えて重ねたりの変化を加えましょう。いずれもがっつかず、ゆっくり行うのがポイント。

さあ、これであなたもキス名人☆「え、これだけ?」と思うかもしれませんが、女が求めるのはオーソドックスなキス（これはセックスも同じ）。

上手なキスとは「ゆっくり丁寧に行う」「余計なことをしない」、この2つを守ればよいのです。好き同士であればキスするだけで胸がときめき、股がキュンとなるもの。がっつかずいらぬことさえしなければ、「素敵なキス」と思ってもらえますよ！

ここで必殺技を伝授。女はおでこにキスされるのと、頭を撫でられるのが大好き。女性読者からも「寝てる時に夫がおでこにキスしてきて、幸せのあまり涙が出た」「ケンカ中、彼氏に『ごめんね』と頭を撫でられ機嫌が治った」といった意見が寄せられます。この地獄の断頭台（©悪魔将軍）のような威力、使わなきゃ損。

彼女の頭を優しく撫でたりチュッとおでこにキスすれば、あら不思議。彼女の目がハート型に。「大切にされてる」と実感できて、幸せ気分に包まれるのです。

おでこだけに限らず、女は唇以外へのキスが大好き。指先や頬や頭のてっぺんにキスされるのも好みます。彼氏に撫でられたりキスされたり、愛情を感じながらスキンシップ＝イチャイチャしたいんですね。

セックスに対して奥手でも、彼氏とイチャイチャするのが嫌いな女性はいません。イチャイチャするうちにその気になるのもよくある話。イチャイチャからセックスへの流れは、セックス編をご覧ください。

さあ、キス名人の次はセックス名人を目指しましょう！　勃てよ国民！

貧乏なオタクでも結婚できる！

年収200万以下のフリーターが結婚するには？

私は「奥手で恋愛できない若者が増えてるから、未婚率が上がり少子化が進む」という意見に対し「すべて奥手で片付けるな、アホか」と感じる人間です。

労働者の4人に1人が年収200万以下、3人に1人が非正規雇用といわれるこの時代。若年層の非正規雇用も増えてます。

もし私が年収200万以下のフリーター青年だったら、日々の生活と将来の不安で頭がいっぱいで、恋愛どころじゃないでしょう。「誰も俺なんか選ばないよな、てゅーか俺と付き合う子が可哀想だ」と私なら思う。そんな状態で「奥手すぎる、傷つくのを怖がるな、自信を持て！」とか言われたら「アホかー!!!」と銃を乱射したくなるでしょう。

2010年度の内閣府「結婚・家族形成に関する調査」（20〜30代の男女対象）によると、20〜30代男性の既婚率は、正規雇用者が27・5％、非正規雇用者が4・7％。この差を見ても、雇用不安が未婚率を高めているのは明らか。

男性の約83％、女性の約90％が「将来結婚したい」と答えています。そして「結婚生活を送るうえでの不安」として、男女ともに半数以上が「経済的に十分な生活ができるか」を挙げている。

また、２０１０年度の内閣府「少子化社会に関する国際意識調査」（20～49歳までの男女対象）によると「何人の子供がほしいか」という質問に対し95・８％が「（１人以上は）ほしい」と答えていることに、びっくり。みんなそんなに子供がほしいのか！

して、ほしい子供の人数は「２人」が51・８％、「３人」が32・５％。

しかし「今よりも子供を増やしたいか」という質問に対して「今よりも子供は増やさない、増やせない」が47・５％でトップ。理由は男女ともに「子育てや教育にお金がかかりすぎるから」がトップ。そして「子育てをして負担に思うこと」は「子育てに出費がかさむ」が47・２％でトップ。

要するに、**金。**男女ともに「金さえありゃ結婚して子供を２人か３人作りたいよ」と望んでいる。時代は変われど人々の希望は変わらず、金のない人が増えただけ。ゆえに子供を増やしたきゃ景気を何とかしろよって話なのですが、現状を見ると何とかなりそうもありません。

私自身は少子化少子化うっさい世の中にうんざりで、「みんな国のためじゃなく自分がほしくて子供を作るのに、子作り＝国家への貢献的な風潮は変ではないか？」と感じる人間。でもヤンキーばかりが子孫を残す国もどうなのか。自分が老人になった時、住みにくそうだし。

できれば、親和性を感じるオタクにも子孫を残してほしい。オタク界にも「結婚して子供もほしいけど、恋愛能力もなけりゃ稼ぎもない」という人もいるでしょう。そんなオタクに向けて、貧乏でも結婚できる方法を考えてみました。

２００３年に社会学者の山田昌弘教授が行った調査によると、東京の25～35歳の未婚女性の約40％が「年収６００万以上の男性と結婚したい」と望んでいます。が、25歳～34歳の未婚男性で年収６００万以上はたったの３・５％。

という状況だったのが、現在、女性たちは結婚観を修正しはじめているといわれています。

私も女性読者のメールを読みながら、それを実感しています。読者のメールは「低収入でも真面目に働いてる正社員なら十分」「共稼ぎで結婚・出産後も働くつもり」という意見が大半。20代前半は「自分が３００万、夫が３００万稼いで合計６００万あればＯＫ」という意見も多い。10年後には〝**共稼ぎで家事育児を分担**〟が標準的な結婚モデルになっているでしょう。今は過渡期なんですね。

以上から、貧乏でも正社員なら何とかなる。恋愛能力を高め、共稼ぎＯＫな相手を探しましょう。ただし、女は自分の稼ぎをあてにするような男は好きになりません。また「経済的には頼らなくてもいいけど、精神的には頼りたい」と望んでいる。要するに、ナヨナヨのヒモみたいな男は嫌ってこと。襤褸《ぼろ》は着てても心は錦で、しっかり妻を（精神的に）支えられる男になってください。

もちろん、家事育児の分担は必須。昔は「男子厨房に入らず」なんて言葉もありましたが、昨今は料理のうまい男性がモッテモテ。家事能力をアピールできるくらいになれば、結婚に近づきます。

30代の夫婦を対象に調査を行ったところ、夫の満足度が一番高いのは、妻がフルタイムで働いているケースだったそう。男性も「男は仕事、女は家事育児」よりも「男女が協力して支え合う」という形がハッピーなのですね。経済的にも精神的にも余裕ができるし。

私はオタクは結婚向きだと思っています。周りのオタク夫を見ても、家庭を大事にする良きパパばかり。オタクは接待やゴルフよりもアニメやプラモが好きなので、そもそも子育てに向いている。

それに妻を大事にしないのはエリートのモテ男に多い。彼らはモテるので浮気します。女を選び放題の人生だったため、妻に対する要求も高い。「仕事も家事も子育てもして綺麗でいろ」とムチャクチャ言ったりする。一方、女を選び放題じゃなかったオタクは、ようやく巡り合えた妻を大事にします。元来、好きなものに対する愛が深い人種だし。

よって、私は結婚後については何も心配してません。オタクの課題は恋愛能力をつけて、彼女を作ること。そこさえクリアすれば、幸せな未来が待っていることでしょう。

日本においては、出産後の女性の離職率は7割。非正規雇用の女性が増えて、育休を取れないことが原因です。正社員の女性も「私もいつリストラされるか」「育休を取れたとしても、復帰後に切られやしないか」と怯えています。そのため、夫には貧乏でも正社員ではあってほしい。

しかし、２０１１年の総務省「労働力調査」によると25歳～34歳の男性の21・２％が非正規雇用か失業中。契約・派遣・フリーターの男性の多くは「俺も正社員になれたら結婚したい」と考えているでしょう。正社員になれば結婚は有利なので、頑張ってほしい。とはいえ頑張っても、この雇用状況では簡単にはいかない。

25～35歳の未婚女性の4割が年収600万以上の夫を求めている。これは、残りの6割は年収600万以下でもいいってこと。山田教授の調査でも「年収にはこだわらない」という層が3割います。つまり、10人に3人は「貧乏でもOK」ってこと。

この「貧乏でもOK」層の多くは、**高収入のキャリア女子**なのだと思う。大企業に勤めるか専門スキルを持っていて、安定的な雇用と収入を確保できる女性たち。非正規雇用のオタクは、ここととマッチングすればよいのです。

「キャリア女子なんてごめんだ」と皆さんおっしゃるかもしれない。キャリア女子＝高飛車でプライドが高くて理想も高いろくでもない連中と思っているかもしれない。

が、それらは作られたイメージです。メディアに登場する派手なキャリア女子はごく一部。彼女たちはマスコミや外資系など華やかな業界で働いてますが、ほとんどのキャリア女子はもっと地味。電機メーカーでこつこつ炊飯器を開発していたりするのです。

そもそもキャリア女子とは、こつこつ勉強して偏差値の高い大学に入ってキャリアを手に入れた人たち。つまり、クラスの中でも勉強のできる真面目グループにいた人たち。

そんな彼女たちの未婚率は高い。それは理想が高いからではなく、恋愛に奥手だから。

……というのを先日も実感しました。私は勉強のできるデブだったので、偏差値の高い私立の女子校で6年間を過ごしました。ゆえに女友達の多くは高学歴のキャリア女子。

先日、同級生13人と集まったのですが、メンバーの職業は医師・歯科医・公認会計士・大学の教員・大企業の総合職など。その会の未婚率は9／13ときわめて高かった（当時、私たちは35歳。2010年の総務省「国勢調査」によると全国の35〜39歳女性の未婚率は23・1％）。彼女たちはブスではありません。メンバーの中には学年で3本の指に入る美人もいました。が、いかんせん地味。映画『はやぶさ／HAYABUSA』の竹内結子をイメージしてもらえばいいでしょう。

素材はいいのに、味付けが薄すぎる。無印良品っぽい服を着て黒髪でメイクも薄いかノーメイク。なぜこんなに薄いかというと、男受けを意識してないから。すなわち、モテに興味がないから。

そんな彼女たちは**「草食系インテリキャリア女子」**なのです。

草食系はのんびりとした種族です。のんびりと草を食んでいたら、独身だった。『はやぶさ』の竹内裕子のような友人に「いつから彼氏いないの？」と聞くと「もう5年になるっけ、月日がたつのって早いわねえ」とおっとり返ってきました。私ならその5年の間に250回はコンパに行くだろう。

そんな草食系インテリキャリア女子とオタクは、相性がいい。お互いヤンキー度が最も低い層だし、「王道じゃない、知識欲が高い」といった共通項もあります。

うちの夫も私の友人たちと接する中で「世の中はクソ女ばかりじゃないことがわかった」と申し

てました。夫には〝女はチャラチャラ着飾って頭の中にはウンコが詰まってる〞というイメージがあった（ウンコとは恋愛・モテ・オシャレ・グルメ・トレンディドラマなど）。

しかし、私の友人たちとは話が合う。歴史・宗教・政治・世界の謎（フリーメイソンやUMA等）についても語れる。ウイルスや核兵器やテロについても話せる。友人たちも「薄っぺらい話しかできない男と違って、手応えのある会話ができて楽しい」と言います。

インテリは知識欲が高く、多様なジャンルの本を読んでます。アニメやアイドル一辺倒のオタクとは話が合わないでしょうが、サブカルに強いオタクとは親和性が高い。

また草食系キャリア女子には、出自がオタクという人も多い。学生時代、彼女たちは恋愛よりも本や漫画に興味があった。同級生にも「『銀河英雄伝説』の同人誌を作ってた」「新撰組にハマって史跡や墓を訪ねた」という人たちがいます。

このように、オタクとキャリア女子は源流が同じだったりする。

そんな彼女たちは、男に条件を求めません。条件を求める女子はとっくに結婚しています。

女界では自明の話ですが、未婚・既婚を決定づけるのは美醜や性格ではなく「結婚願望の強さ」。キャリア系でも結婚願望の強い女子は20代で結婚します。仕事に疲れて「もう嫌だ、結婚に逃げたい」と思った女子も結婚する。

30過ぎて未婚の草食系キャリア女子は、恋愛よりも仕事が向いてる人たち。コンパにも行かずひたすら仕事しまくり、32歳あたりではたと出産のリミットを意識する。

そんな彼女たちと話していると「結婚はどっちでもいいけど、家族はほしい」と必ず言います。家族とは、夫と子供。種さえもらえりゃいいわけでなく、「愛する人の子供を産んで一緒に育てたい、子供にとってもそれが一番だろうし」と思ってる。

が、なにせのんびりした性格なので「動かないとな〜もぐもぐ」と草を食んでるうちに、気づけば35歳。ここでようやく尻に火がつく。本人たちも「尻に火がつくのが遅すぎる」と自覚しながら。

彼女たちはマクロな視点で己を見ています。「男も子供がほしいなら若い妻を求めるだろうし、自分の結婚市場における価値はわかってる」「米でいえば、食用としてはもう厳しくて、工業用の糊ねとまでの自覚っぷり。35歳男で高収入のエリートなら、最高級ブランド米なのに……女はつらいよ。

男女ともに、35を過ぎると結婚が難しくなる。2000〜2010年の「国勢調査」から算出すると、30代後半で10年以内に結婚できた女性はわずか1・3％、男性は3・7％。婚活ブームにより、この数字は上がると予想されます。不況の中、男性も稼ぎのある妻を求める傾向が高まっており、キャリア女子には追い風といえるでしょう。

とはいえ、現実はなかなか難しい。婚活中の女友達（京大卒の弁護士）いわく「この年になると年齢層の高い婚活パーティーに参加するじゃない？　でも40代の男性は職業欄を見た瞬間に引く。『弁護士の先生になんて頭が上がりませんよ〜』とか言われるんだよね」。

そこで婚活サイトに登録してみると、今度は逆玉狙いの男が群がってくる。「メールを読めばわかるからね」と友人は暗く呟きます。かくして、努力して手に入れたキャリアが結婚の邪魔をする。

R35《アラウンド》で結婚した草食系キャリア女子を見ると、ほとんどは相手が年下というパターン。公認会計士の友人は34歳の時、26歳の夫と結婚しました。「年下の夫は学歴や年収にコンプレックスを抱かないから楽」と言います。20代はリベラルな男性が多く「頭のいい女性は尊敬する」「努力してキャリアを手に入れて偉いと思う」と素直に認めてくれる。

彼女の夫は契約社員で、手取り約18万。そんな2人の出会いはマラソンサークル。夫は友人の職業を知る前に、一目惚れでアタックしてきたという。

出会い目的じゃない場での自然な出会いが、草食系キャリア女子の理想。彼女たちが求めるのは「自分の学歴やキャリアに引かない男、かつ収入をあてにしない男」。

友人の夫も「俺に稼ぎがあれば養いたいんだけど、ないからごめんん。俺も家事や育児は頑張るから」というスタンス。女は養いたいという心意気だけはほしいのです。よって心意気と恋愛能力さえあれば、結婚できる可能性は十分にあります。

では、キャリア女子の側はどうなのか。非正規雇用のオタクを夫として選ぶのか？

結論からいうと、30代の草食系キャリア女子であれば、可能性はあります。一番の理由は、切羽詰まっているから。

肉食系女子と違って、彼女たちは恋愛経験も少ない。モテ技も磨いてこなかったし、奥手だから短期間でパートナーを見つける自信もない。しかし出産のリミットは迫っている。自分には大黒柱になる経済力もある。

となれば「自分が好きになれる相手なら、条件一切不問」と彼女たちは思うのです。それに自分も「家事より仕事の方が向いてる、かも？」と気づいてる。なおかつ親も弱るお年頃なので「孫の顔さえ見られれば結婚相手はなんでもいい」くらいの心境になっている。

こうして草食系キャリア女子は「**専業主夫**をもらうのもアリか」と腹をくくりつつあるのです。

以上、女界の内幕を描きましたが、私は逆玉をけしかけているわけではありません。「大黒柱になって家族を養いたいけど養えない、だから結婚は無理」と諦めている心根のまっすぐな読者に「諦めないで、相手次第で可能性はあるから」と言いたいのです。

「結婚して子供もほしいけど、のんびりしてたらこの年になってしまった」草食系キャリア女子、「この不況で正社員になれなかった、結婚して子供もほしいのに」という非正規雇用のオタク。

そんな未婚男女がうまくマッチングすればいい。インテリとオタクは親和性も高いし、オタクには**年上のパートナー**が合うと私は思う。

自分が年寄りだから我田引水しているわけじゃなく、女は年を取ると包容力が身につきます。恋愛慣れしてない男性の行動も「真面目で誠実」「不器用で可愛い」と好意的に解釈する。

私も20代前半は、スマートで仕事のできる年上の男とかに憧れました。でも30過ぎると、そういうのはもうどうでもよくなってくる。大切なのは表面じゃなく中身、あんぱんの皮じゃなくアンコ、と悟るんですね。

というわけで、三十路のキャリア女子も視野に入れてはどうでしょう。オタクとキャリア、両者が夢を叶えて幸せになり、結果的に子供が増えれば、国民皆ヤンキーという未来も避けられる。

幸せの形は人それぞれ。それに人には向き・不向きがあります。働くのが向いてる女もいれば、家事育児が向いてる男もいる。保守的な結婚観にとらわれず、自由に役割を**スイッチ**してはいかがか。そんな風に私が思うのは、妻側にもメリットがあると確信しているから。

フルタイムの共稼ぎで子育てしてる友人は、夫婦ともにヨレヨレです。その姿を見て「実家の協力がないと無理だ」と産み控えしている後輩キャリア女子も多い。

東京在住の女友達は「5歳の息子が熱を出した時、朝イチで親に神戸から新幹線で来てもらった」と語ります。

「出産後、時短勤務にして給料はガクッと減ったけど、仕事量は変わらない。だから子供を寝かした後、徹夜で企画書作ってるの」と話す姿を見て、その顔にフェラじわ（頬がゲッソリこけたようなしわ）を発見すると「フェラする余裕もないのにフェラじわが……！」と私の胸は締めつけられる。

事実、夫もヨレヨレでフェラどころか喧嘩が増えたと言います。ゆっくり晩ご飯を食べる余裕もない生活。そんな夫の収入は、キャリア妻の半分以下。となると「いっそ夫に主夫になってもらったら？」と言いたくなるけど、夫だって会社を辞めるのは抵抗があるでしょう。だったらもう、初めから主夫と結婚した方が楽なんじゃ？　と思ってしまう。

私の周りにも何組かスイッチ夫婦がいます。夫は家事と育児にやりがいとプライドを持ち、妻は「子供はずっとパパと一緒にいるから、私がお風呂に入れると『パパがいいの！』って言われちゃうのよね～」と語りつつ、その顔はフェラじわの友人よりずっと幸せそうなのでした。

10年後は「うちはダンナが主夫なんで」とさらっと話す妻が増えているでしょう。良夫賢父がもてはやされる時代がくるかもしれない。

男の子は「家族を養えるような一人前の男になれ」とプレッシャーをかけられて育つため、経済力がなければ「俺は一人前じゃない」と自信をなくしてしまいがち。でも「どうせ俺なんて」と絶望して生きるよりは、「フリーターだけど、家事は得意だし子供好き！」と胸を張ってアピールした方がいい。料理男子を超える家事男子、イクメンを超えるシュフメンを目指せばいい。

経済力で人間の価値は決まらない。不況に希望やプライドを奪われるなんて、頭にくるじゃないですか。恋愛能力と心意気をもつオタクとして、いろんな異性に出会ってください。出会った相手がキャリア女子でうまくマッチングすれば、お互いにハッピーな関係を築けるかもしれません。

ヤンキーに怯える老後を回避するためにも、それを切に願う私なのでした。

第４章

セックス編

童貞からセックス名人になる方法

その気にするには「北風と太陽」

男目線のセックス本はテクニックばかりが重視されており、精神面についてはほとんど触れられていません。でも精神面こそ重要なのです。なぜなら、女にとってセックスとは「性欲を満たすための行為」ではなく**「精神的に満たされるための行為」**だから。

女にも性欲はありますが、一般的に男と比べると少ない。性欲を司る男性ホルモン（テストステロン）は女の体にも存在しますが、その量はごくわずか。よって「付き合いたてのカップルで彼氏はしたくてしょうがないのに彼女はしたがらない」といった状況が多いのです。

では、女はどんな時にセックスしたくなるか？　それは彼氏に**「愛されてる、大切にされてる」**と感じた時。女にとってセックスは妊娠の可能性のある行為。それゆえ「自分を愛して大切にしてくれる男、そういう信用できる男としかセックスしちゃダメ」と本能に刻まれているのでしょう。

女は「体目当てじゃなく、彼は真剣に私を愛してる」と確信が持てた時に「彼の愛情に応えたい、ひとつになりたい」と思います。それは快楽のためではなく、彼ともっと深く繋がりたいから。愛情を確かめ合って、精神的に満たされたいから。

女にとってセックスは精神的な意味合いが大きい。だから強引に迫ったりすると「ヤリたいだけなのか！」と彼女に嫌われてしまうのです。

これだけ風俗産業が栄えているのに女性向け風俗が流行らないのは、ほとんどの女は愛がないとセックスできないから。男は精子が袋にたまって「ヤリてえ」と思うけど、女にそんな袋はないのです。ヤリたくて我慢できない時は彼女を押し倒したりせず、右手で袋の中身を出しましょうね。女が求めるのは、テクニックじゃなく愛情。「北風と太陽」のようにさんさんと愛情を注ぐことで、みずからパンツを脱ぐのです。

よって彼女とセックスしたければ、普段から愛情を伝えなければなりません。付き合えたからといって手を抜かず、「彼女が何を思い、何を望んでいるか」をつねに考えてください。付き合う前と同様、思いやりと想像力を忘れずに。

「で、いつになったらセックスできるの？」が気になる点ですね。現代は「真剣に付き合ってるならセックスするのが自然でしょ」という女性が多数派ですが、「結婚するまで処女でいたい」という女性も存在します。

国立社会保障・人口問題研究所の２０１０年の調査（18～34歳の独身男女対象）では、女性の38・7％が「性体験がない」と回答してます。つまり独身女性の約４割が処女（20代後半でも約３割、30代前半でも２割以上が処女）。という数字から、あなたの付き合う彼女が処女である可能性も

現在交際している異性はいますか？

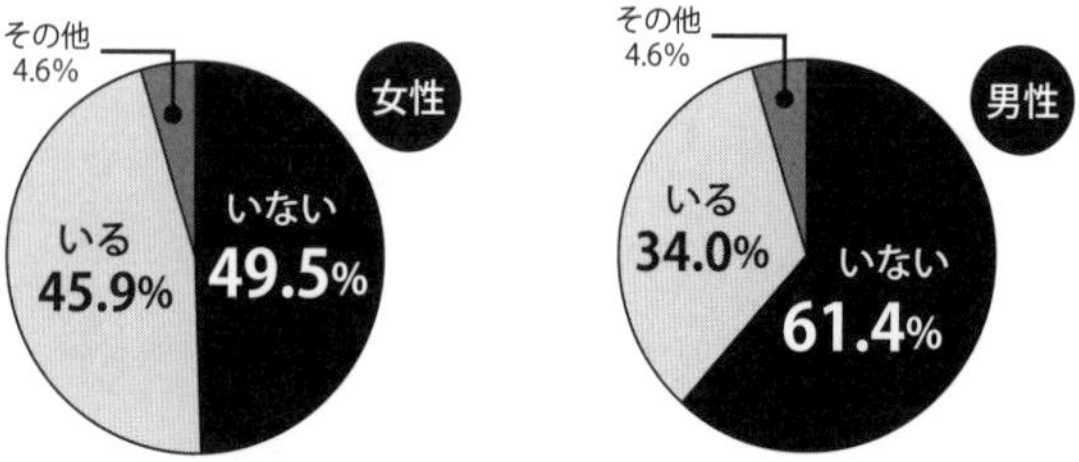

異性との交際を希望しますか？

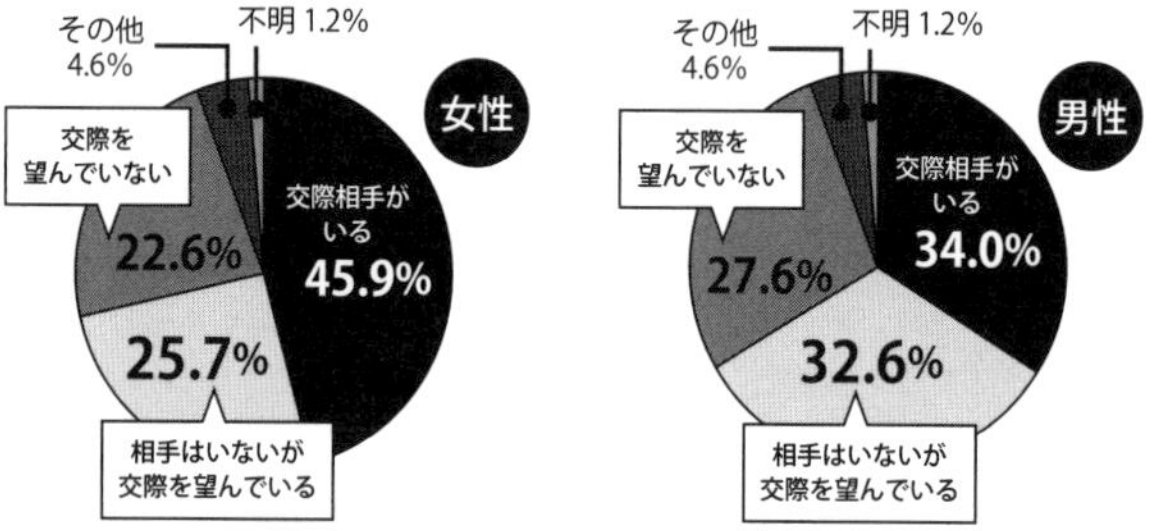

性体験はありますか？

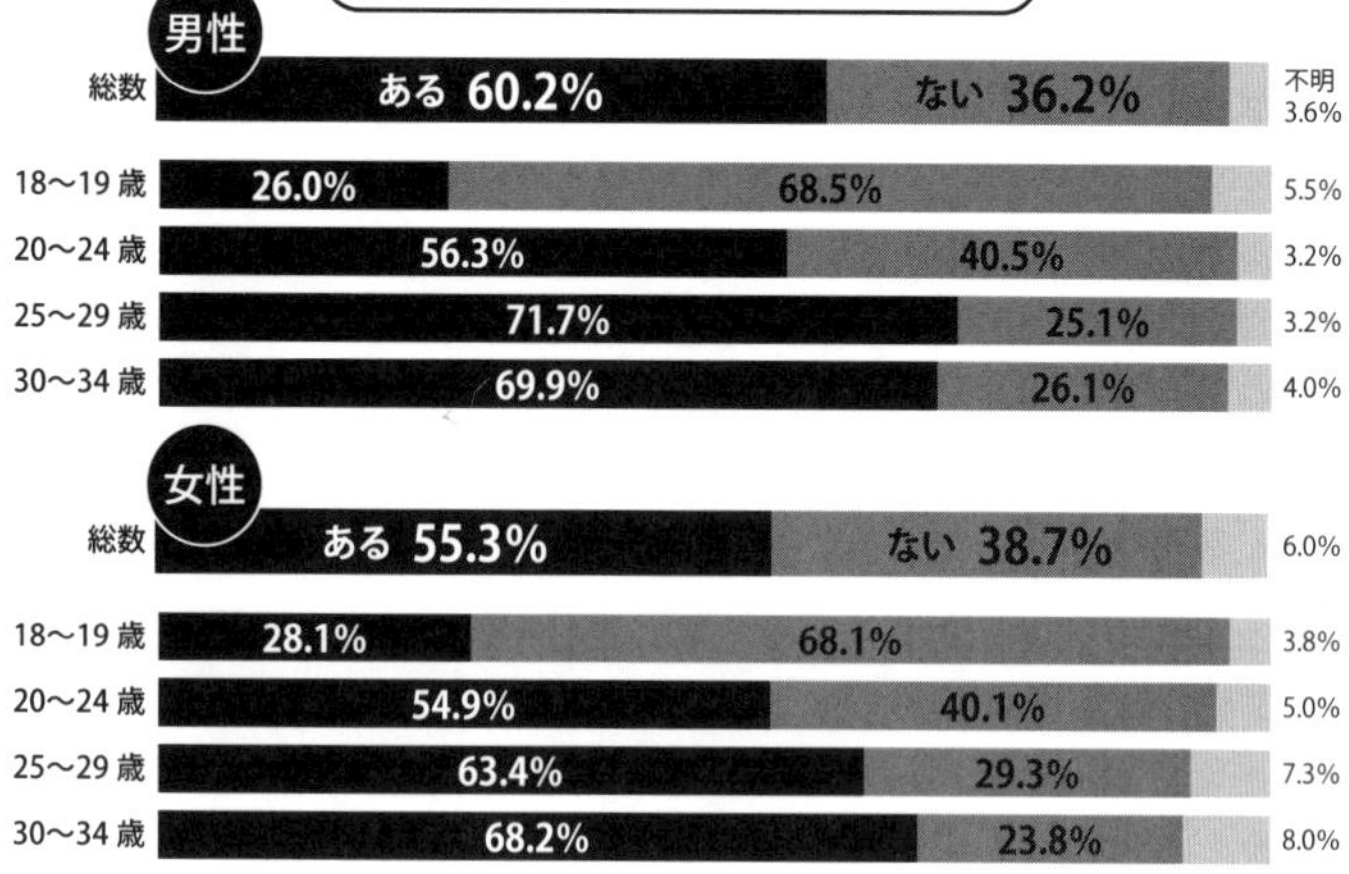

国立社会保障・人口問題研究所「第 14 回出生動向基本調査」より

低くはない。

皆さんの中には「処女＝遊んでない、真面目、清純」というイメージと「いいトシして処女ってブスじゃねーのか?」というイメージがあるでしょう。後者は必ずしも正しいとは言えません。

私は以前「30代処女」についてコラムを書いたのですが、それに対し多くの30代処女からメールを頂きました。彼女たちはブスでモテなくて処女になったわけではなく、それぞれに事情があった。

女子校出身で奥手で異性に縁がないまま気づけば30歳になっていたとか。異性と付き合ったことはあるけどセックスは断ってきた、という人も多かった。彼女たちは「結婚する相手とじゃないとセックスしたくなかった」と書いてました。理由としては、しつけの厳しい家庭で育ったため貞操観念が強かったり、性に対して「ふしだら、いけないこと」という罪悪感を抱いていたり。

私の女友達も30歳まで処女だったのですが、彼女は父親の浮気が原因で両親が離婚したため「簡単に男を信じて体を許しちゃダメ」と刷り込まれていたらしい。

セックス観の裏には様々な事情があります。とはいえ「結婚するまでやらせはせんぞ!」とドズル並みの意思を持っている処女は少なく、ほとんどは「結婚を視野に入れた真剣なお付き合いであればセックスしてもいい」と考えます。やはり「彼女に信用されること」が鍵なのですね。

オタクの中には「処女にあらずんば人にあらず」という男性もいるようですが、本書の読者でそこまでの処女原理主義者は少ないでしょう。「非処女＝汚れてる、遊んでる」というイメージよりも、

「童貞だとバカにされるんじゃないか」「前の男と比べられるんじゃないか」という劣等感や不安が大きいと思います。

が、女は童貞をバカにしたりはしません。それにセックスのうまい男性は少ないので、正しいセックスの方法を学べば、下手と思われることはありません。

英国のコンドームブランド・デュレックス社の2007年の調査（世界26ヵ国の2万6000人以上対象）によると、日本はセックスの回数も満足度も世界ワーストレベル。取材で100人以上とセックスした女性たちに話を聞くと「セックスの上手な男は30人に1人もいない」と言います。つまり、ほとんどの女性はセックスのうまい男に当たったことがない、という残念な現実。

これは敗北を意味するのか？　否、始まりなのだ！

独身時代、私はセックスの下手な若者に熱血指導したことがあります。クリトリスやGスポットの位置や正しい愛撫の方法を教えた結果、彼のセックス偏差値は30から75まで急上昇。日本人は手先が器用だし、オタクは特に研究熱心。オタクこそセックス名人になりえるのである！

ちなみにオタクの性欲はどうかというと。少なくとも私の知るオタクたちは「性欲あるに決まってるでしょ、ありすぎて困るくらいですよ！」と言います。

彼らいわく「草食系男子って、僕らからすると『余裕のある男』なんです。女に不自由してない、つまり腹ペコじゃないから『草だけ食ってても生きていけるじゃん』みたいな。でも僕らは腹へってフラフラだから『肉！　肉が食いてえ！』と血眼なんです」。

血眼になる男子が少ない昨今、頼もしい話ですね。けれども腹ペコゆえに彼女ができた時にがっつかないよう注意しましょう。

特に相手が処女の場合、注意が必要。エロ漫画にありがちな「処女があんあん悶えて腰を振る」なんて展開はありえません。処女といえば、痛がる・怖がる・恥ずかしがる・感じないが定番。

一般的に処女の膣はカチカチで、童貞と処女がセックスするのはカチカチ山を初心者2人で登山するようなもの。かつて処女だった女たちは「初体験はなかなか入らないうえに痛いだけで、気持ちよくなるのに数ヵ月かかった」と言います。

セックスを気持ちいいと思えないから、セックスしたいと思えない。これが多くの処女および経験の少ない女性の心理。正しいセックスを学んで、彼女を感じる体にしましょう。

また、本気で好きな相手が童貞だからといって、嫌がる女はいません。むしろ経験がありすぎると「こいつチンカスか？」と疑われます。

女がパートナーに求めるのは、誠実さ。経験の少なさはプラスにこそなれ、マイナスにはなりません。ちなみにうちの夫も風俗以外ではキスも初めてでした。付き合った当初、そいやっとベッドに押し倒しディープキスしたところ、夫は目をシロクロさせて「映画の中で外人がするキスじゃないか！」と叫び、私は「日本人でもするのよ」と説明しました。

この話を聞いて「それってどうなの〜?」とか言う女友達は1人もいなかった。昨今の女性は童貞に「純粋・真面目」というプラスのイメージを持ってます。それに経験の多い男性の方がむしろ「俺のやり方は正しい」と思い込み、ひとりよがりなセックスをしがち。

ただ彼氏が童貞の場合、「私がリードしなきゃいけないの?」と不安になる女性は多い。いざ機会が訪れた際にスムーズに動けるよう、しっかりと予習してください。

キスからペッティングまでの流れ

キスしたら一気にセックスできると早合点してはいけません。がっつくと「体目当て?」と彼女に疑われます。女性によってセックス観は様々なので、基本は相手のペースに合わせましょう。

覚えておいてほしいのは「女にとってキスのハードルは低いけど、ペッティングのハードルは高い」ということ。キスは愛情表現の1つだけど、ペッティングは性的行為とみなすのです。そのためキスした勢いで乳を揉むと、相手に引かれる可能性が高い。

「そ、そうだったのか!」と担当マスオさんの登場です。

マスオ「だから僕、いつも振られてたんですね。キスがOKならセックスもOKだと思って、必ずおっぱいを揉んだから」

アル「必ず揉んだんですか」

マスオ「はい、必ず揉みました。僕、おっぱいが好きすぎて憎いくらいなんです。彼女ができたら乳首をくわえたまま離さないんじゃないかな〜」

アル「ラッパを離さなかった兵隊さんみたいですね」

マスオ「それくらいの覚悟はあります。だからキスしたら自分を抑えられなくて」

そこで自分を抑えることで「大切にされてる」と彼女に思われるのです。キス→ペッティング→セックスと一気に雪崩れこむカップルもいますが、信用されるためにも間隔を置くのがベター。特に相手が処女の場合「キスからセックスまでに時間がかかる」と考えた方がよろしい。

必ずしも経験に比例するわけではありませんが、経験の少ない女性はセックスに抵抗がある場合が多い。

前世のように遠い記憶をさかのぼり、私が処女だった頃。大学1年の私は彼氏とほぼ毎日会っていたにもかかわらず、キス→ペッティング（乳を揉む）に1ヵ月、ペッティング→セックス（挿入）に1ヵ月かかりました。会う頻度が少なければ、もっと時間がかかったことでしょう。

「え、それってどういうこと⁉」と混乱するマスオさん。「ペッティングからセックスまで1ヵ月って……ペッティングはセックスの準備体操、つまり前戯なんじゃないんですか⁉」。

それが女にとっては違うのです。男目線の恋愛本には「キスして押し倒せばセックスは確定」と書いてますが、これも大間違い。

女には**「キス→上半身への愛撫→下半身への愛撫→挿入」**という3つのハードルがあります。つまり「乳に触ってもOKだけど、まだ性器には触れちゃダメ」「性器に触るのはOKだけど、入れるのはまだダメ」といった段階がある。

男性には意味がわからないことでしょう。AVやエロ漫画に「膣に指を入れてるのにペニスは入れない」なんて展開はないため、理解できないのも無理はない。また多くの男性にとって「挿入＝射精」こそセックスの目的なため、寸止めで焦らされてるような印象を持つかもしれません。

が、女は焦らしているわけではないのです。女性にとって挿入＝セックスではなく、お互いの体に触れることも、裸で抱き合うことも、性器で繋がることも、丸ごとひっくるめてセックス。

そのため、女同士で「前戯っていかにも男が考えた言葉だよね」という話をよくします。女には挿入＝本番という感覚はないから。

あなたが彼女の膣に指を入れた後にペニスを入れようとして「それはダメ」と拒まれたら、「ここまできてなんで止めるの!?」と驚くでしょう。驚くだけじゃなく、チンポ爆発寸前で苦しむでしょう。でも女にその感覚はわかりません。それなりに経験のある女性なら「男は勃起してるのに射精できないのは苦しいものだ」と知識としては知っている。が、処女にはそれがわからんのです。

ペニスなどただの飾りです！　と思ってるわけではありませんが、妊娠の可能性がある挿入という行為は、女にとってもっともハードルが高い。処女であればなおさら、心の準備が必要。男友達からも「初体験の時、彼女に『挿入はまだダメ』と言われて憤死しそうになった。しかたないから、その後トイレでこっそり抜いた」といった話をよく聞きます。

彼女が「まだダメ」と拒むのは、心の準備ができてないから。あなたを嫌いで拒んでるわけじゃないので、無駄に傷つかないようにしましょう。

そこで強引に入れようとしたら「信じられない」と振られるか「ふざけんな」と金玉を蹴られます。振られるのも蹴られるのも嫌だったら、ぐっと我慢しましょうね。我慢してくれることで彼女は「大切にされてる、愛されてる」と実感するのだから。その実感が積み重なって、「この人なら許してもいい」と思う。まさに「北風と太陽」。

念のために書いておきますが、「イヤよイヤよも好きのうち」「嫌がってた女がだんだん感じてきて」といった展開はありえません。その手のAVは男を興奮させるために作られたフィクションであり、女目線は一滴も入ってないことをお忘れなく。

「どこで止めればいいかわからない」と心配することはありません。彼女が「ダメ」と拒んだ時点で、止めればいいのです。拒んでるのに強引にしようとしなければ、嫌われることはありません。

スタンダード&インタラクティブなセックス

初めにセックスの基本を書いておきます。セックスにおいては、すべての動作を**「ゆっくり、優しく、丁寧に」**行うのがポイント。女は強引にがっつかれるのが一番嫌なのです。

女が求めるのは、愛を感じるセックス。彼氏に「大切にされてる、愛されてる」と感じることが何より大事。それさえ満たされれば、テクニックやペニスの性能はさほど重視しません。

ですので、彼女の体を**「宝物のように、優しく丁寧に」**扱いましょう。愛しそうに見つめたり、抱きしめたり、手をつないだり、髪や頬を撫でたり、唇やおでこや指先にキスしたり……そういう〝愛を感じる仕草〟によって、女の股は濡れるのです。

セックスで女を満足させたければ、**「AVは反面教師だ」**と覚えていてください。AVは強引で勢いまかせ&力まかせなプレイが多いですが、それは女がもっとも嫌がるやり方。顔射・潮吹き・パイズリなども現実ではやりませんし、体位をコロコロ変えたりもしません。

AVでは愛撫の際に男女が体を離して行いますが、それも女優さんの体（乳房や性器）をしっかりと映すため。まんぐり返しなど最たるものですが、現実ではやりません。現実のセックスは男女が抱き合って体をくっつけたまま行います。その肌の触れ合いや温もりを、女は求めているのです。

女性が求めるのは「愛を感じる、スタンダードなセックス」。初心者でも基本さえ押さえれば、十

①現実のセックス

② AV のセックス

どんなシチュエーションでオーガズムに達しましたか？

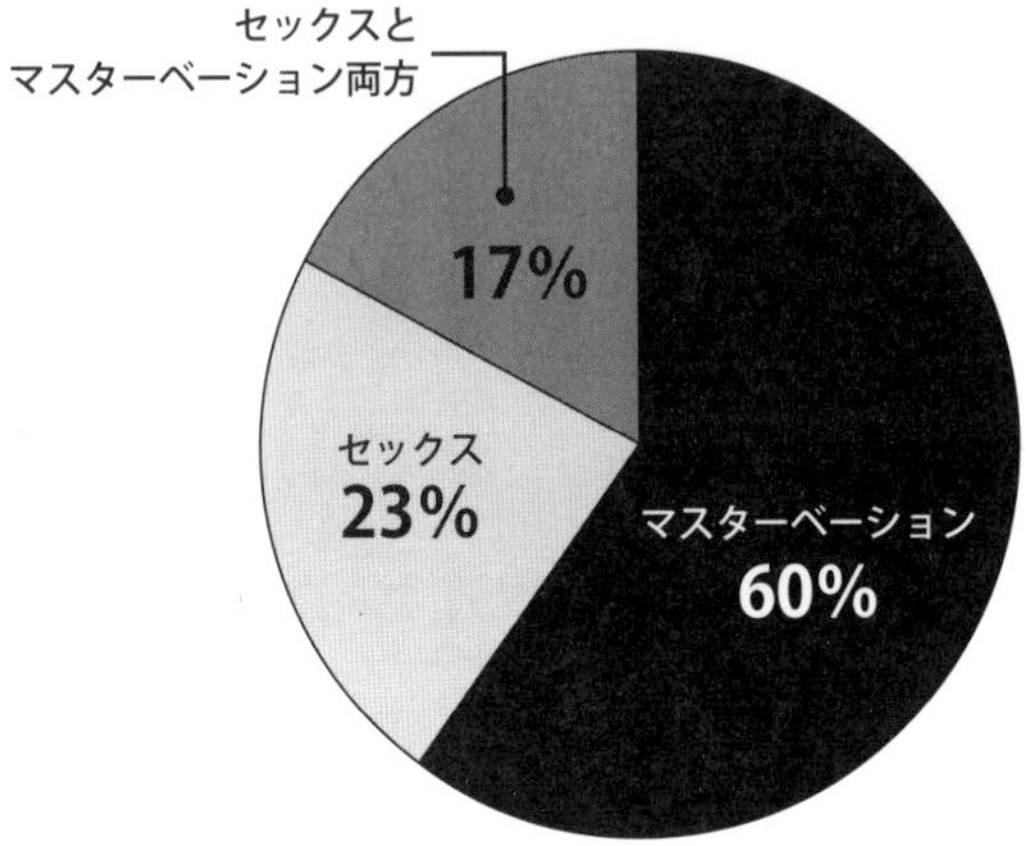

デュレックス社「セクシャルウェルビーイングサーベイ 2007」より

分に彼女を満足させることができます。また、男性は「いかにイカせるか」的なことばかり考えますが、女はそう簡単にはイキません。

デュレックス社の調査によると「どんなシチュエーションでオーガズムに達したか？」という質問に対し、世界26ヵ国の女性の60％が「マスターベーション」、23％が「セックス」、17％が「セックスとマスターベーションの両方」と答えています。つまり、**セックスでイケる女性は4割しかいない。**

また、ＡＶでは挿入中に必ず女優さんがオーガズムに達しますが、悲しいけどそれ、ファンタジーなのよね。国内のアンケートによると、クリトリスでイク女性が多数派で、膣でイッたことのある女性は3割程度と少数派。

そして残念なことに、8割以上の女性が「イッたフリをしたことがある」と答えてます。男がイカせることにこだわるため、女はサービス精神からイッたフリをするのです。

できるなら演技じゃなく本気で彼女をイカせたいもの。そのためには、**インタラクティブ・セックス（双方向・対話型のセックス）**が不可欠です。

女性によって感じるツボや愛撫のされ方は様々。マッサージを思い浮かべてください。人によって凝ってるツボは違いますよね？　それを「右の肩甲骨のあたり、ううんもっと上……そこだ！」と対話しながら探っていく。他にも「指先じゃなく手のひらで押して」「痛いからもっと優しく」「そこは強く」と相手の希望を聞くことで、本当に気持ちのいいマッサージが可能になる。

セックスも同じです。ただ、多くの女性は「恥ずかしい、彼氏に悪い」と思って希望を伝えられないため、彼女の反応（声や表情、体の動き）をよく見ながら愛撫しましょう。また、愛撫しながら「これとこれ、どっちがいい？」と選択式で質問すると、彼女も答えやすくなります。

双方向・対話型のセックスを築いていけば、彼女を真の快感に導けます。それに彼女も「どっちがいい？」と質問してくれるようになり、あなたもさらに深い快感を味わえる。

「体の相性」といいますが、相性は2人で作り上げていくもの。セックスを重ねながら、お互いに「ここがいい」「もっとこうして」と言い合えるようになるのが理想的。

「すべての女をイカせる究極のテク」なんてものは存在しません。相手の反応を見ながら、相手に合わせたイカせ方を研究するのが正解。

セックスの上手・下手は経験やテクニックではなく、「インタラクティブなセックスができるか」で決まります。セックスも会話と同じく、キャッチボール。彼女としっかりコミュニケーションできれば、2人で本当に満足のいくセックスを作り上げられるのです。

セックスしやすい雰囲気・イチャイチャから愛撫へ

それでは、具体的な流れを説明します。ここでは自分の部屋に彼女を呼ぶ場合を書きます（ラブホテルの使用法はブログで解説してますので、ご参照ください）。

彼女を部屋に誘う時は「鍋（焼肉・たこ焼きなど）をしよう」「面白いDVDがあるから観よう」と理由を作った方が、彼女も来やすいもの。

巷の恋愛本には「キミの手料理が食べたい」という誘い文句が載ってましたが、これはNG。「女が料理を作って当然と考える保守的な人」と思われます。女は自発的に手料理を作ってあげたいと思っても、強制されるのは嫌なのです。ちなみに鍋にしろ焼肉にしろたこ焼きにしろ、彼女に料理をまかせっきりにすると嫌われますよ。

彼女が来る前にシャワーを浴び、ペニスの皮もむいて丹念に洗っておきましょう。口臭・耳垢・

鼻毛チェックも忘れずに。爪も短く切って、やすりで爪先を磨いておくこと。あとはベッドの近くにティッシュとコンドームをスタンバイ。

彼女が部屋にやってきたら「セックス！　セックス！」と前のめりにならず、ゆっくりと楽しい時間を過ごしましょう。ご飯を食べたりＤＶＤを観たりして、彼女が十分にリラックスしてから、イチャイチャに持ち込むのです。

床やベッドに座って、彼女の肩を抱いたり体をくっつけながら、イチャイチャとじゃれあいましょう。鼻息荒くがっつかず、あくまで楽しい雰囲気で。

髪を撫でたりおでこや頬にキスしたりして、彼女に愛情を実感させましょう。それから軽い唇へのキスを何度か交わした後、ディープキスへ（ここでエロい雰囲気になります）。

エロい雰囲気に彼女が戸惑ったら、ふたたび髪を撫でたりおでこや頬にキスしたりして、安心させましょう。すべての動作を**「愛しそうに、ゆっくり優しく」**行うのがポイント。

そこから「いろんな場所へのキス」に移行します。男目線の恋愛本には「体を押し倒す」と書かれてますが、いきなり押し倒すと彼女が怖がる可能性があります。

それよりも、彼女の髪（耳にかぶさってるサイドの髪）をかき上げながら、優しく頬にキス↓耳にキス↓首筋にキスと進めるのがベスト。舐めたり吸ったりせず、軽く触れるようにキスすること。繰り返しますが、がっつかずにゆっくりと。

耳周辺や首筋は性感帯なので、彼女はゾクゾクとHな気分になりつつ、優しいキスによってあなたの愛情を感じられます。首筋にキスしながら、だんだんキスする位置を下にずらしていきます（首筋から襟元へ）。彼女が襟の詰まった服を着ていたら、ボタンを外して鎖骨あたりまでキスしましょう（ボタンは2つくらい外す）。その間も優しく髪を撫でれば、彼女は安心します。

この時点で彼女は声を漏らしたり呼吸が荒くなるかもしれません。そうなればしめたもの。ガンガン乳を揉みたい衝動を抑え、そっと彼女の胸に手を置きましょう。

乳房への愛撫

愛撫は「まずは服の上から」が基本です。その方がいきなり裸になるよりも抵抗感が少ないうえ、**焦らし効果**も高まります。

服の上から乳房全体を、柔らかく包むように触りましょう。乳房は神経が少なく感じにくい場所で、女が敏感に感じるのは乳首です。ただ乳房を愛撫することが、乳首への焦らしに繋がるのです。愛撫でもっとも重要なのは**「焦らし」。**周辺からじわじわ攻めることで、快感が何倍にも増すのです。

服の上から触った後、彼女の服（上半身）を脱がせます。焦って乱暴にせず、優しく丁寧に。その後、両手でブラジャーを外しましょう。ブラジャーのホック（留め金）は、だいたい背中側にあります。ホックが前側にある場合は彼女が教えてくれます（ブラジャーの上から揉むとワイヤーが歪んだりするのでNG）。

服を脱ぐ際に「電気消して」と彼女が言うかもしれません。セックス中に体や顔を見られたくない女性は多いのです。ミノフスキー粒子が濃くて残念でしょうが、彼女がセックスに慣れるまで待ちましょう。彼女から「消して」と言われなければ、まだ消さなくてOK。

乳房への愛撫の最中に、自然に体を押し倒すのがオススメです。彼女の背中を支えながら、優しく倒しましょう（体重をかけ過ぎて押し潰さないように）。

やわらかく乳房全体を揉みながら、指で乳輪を丸くなぞったりして、乳首への期待感を煽りましょう。この「おあずけ」によって、彼女は乳首に触ってほしくてたまらなくなります。

人差し指と中指で乳首を挟み、ゆっくり指を開いたり閉じたり。たまに乳首の先端をかすめるように触ったり、トントンと軽く叩いたり。これで快感はぐんぐん高まってゆきます。

ここで十分に焦らすことが、何よりも大切。ろくに前戯もせずがっつく男性は多いのですが、それだと女は**エロスイッチ**が入りません。

女は男と違い、単純な物理的刺激で濡れたりはしません。焦らして期待感を煽ることでエロスイッチが入り、感じやすい状態になる。これを理解することが、セックス名人になる一番の近道。

たっぷり焦らしてから、乳首を集中的に攻めましょう。乳首の愛撫の基本は、つまむ&舐める。乳首は先端も側面も感じるので、乳首をつまんで側面を刺激したり、先端を軽く撫でたり叩いたりして愛撫しましょう。舐める際は、舌先で乳首を転がすように舐めたり、上から下に舐め上げたり、乳首を口に含んで吸ってみたり。

片乳だけに偏らず、右乳→左乳と左右バランスよく愛撫すること。左右の乳首を同時につまんで愛撫されるのも、女子は非常に感じます。私はこれが一番好きかも。私の性癖はどうでもいいか。

愛撫の強度ですが、乳首は強い刺激を好む女性もいれば、ちょっと力を入れただけで痛いと感じる女性もいます（ここが性器との違い。性器への強い刺激を好む女性はいません）。

初めはごく弱い力で愛撫して、相手の反応を見ながらじょじょに強度を上げていきましょう。どの部分を愛撫する時も**「弱↓強」**が基本です。弱い愛撫で十分に焦らすことで、強めの愛撫も気持ちいいと感じるから。また「大丈夫？　痛くない？」と聞くことで、彼女は「大切にされてる」と感じます。

彼女が乳首への強い刺激を好むようなら、軽く歯を立てるのもよいでしょう。それも相手の反応を探りながら試すこと。愛撫の最中は乳だけにまっしぐらにならず、たまに唇や体にキスして愛情を伝えることを忘れずに。

性器への愛撫

乳房への愛撫で十分に濡らしてから、性器への愛撫に進みます。彼女の下半身に手を伸ばした時、彼女が「シャワーを浴びたい」と言うかもしれません。ラブホテルでは大抵シャワーを浴びますが、部屋ではシャワーを浴びないことも多い（行為を中断されずエロい雰囲気のまま続けられるので）。彼女にシャワーを浴びたいと言われたら、お風呂まで案内しましょう。彼女に言われない限り、そのまま進めてもＯＫ（彼女もやることを予想してシャワーを浴びて来ている可能性も高い）。

そのまま進める場合、ここで下半身の服（スカート・ズボン・タイツなど）を脱がせましょう。ただしパンツは脱がせないこと。性器もまずはパンツの上から触るのが基本です。

性器は乳首よりも、さらに敏感な場所。そのため**「性器への愛撫が痛い」**のが、女性の悩みで一番多い。女はいったん痛いと感じると、快感が吹っ飛んでしまうのです。

なので、まずは優しく下着の上から触ること。ピンポイントでクリトリスを狙わずに、割れ目全体に指をあて、ゆっくりと手を上下に動かします。これが焦らしにもなります。肝心のクリトリスに触れられないもどかしさで、快感が研ぎ澄まされてゆくのです。

彼女がたっぷり濡れてきたら、優しく下着を脱がせます。パンツをぽいっと投げたりせず、丁寧に床かベッドに置くこと。先述したように、膣よりもクリトリスが感じる女性が多数派。クリトリスで十分に感じることで、膣でも快感を得られるのです。

クリトリスは男性の亀頭にあたる部分で、感じると充血してふくらみ、包皮から本体が現れます。もっとも敏感な場所なので、強く刺激されると飛び上がるほど痛い。クリトリスを強く触られるのは鼻毛を引っこ抜かれるくらい痛い、と心得てください。

なので「弱すぎるんじゃゃ?」と不安になるくらいの愛撫がちょうどいい。例を挙げると、**トラックボール**（パソコンのマウスについてる玉）を触るくらいの強さがベスト。

男性は一点集中で攻めがちですが、女性が好む愛撫は**「面から点」。**指先でクリトリス一点を触るんじゃなく、まずは指全体を使って、イラスト①のひし形の部分を全体的に触りましょう。

イラスト③のように、手をゆっくり上下に動かして、割れ目全体を触ります。すると指の付け根がクリトリスを刺激し、中指の先が膣口（膣の入り口）を刺激します。

触ってる方はイマイチわかりにくいのですが、この愛撫は効果的。いきなりクリトリスを触ると痛がる女性が多いですが、これだとじわじわと快感が高まります。また愛液が全体に広がりヌルヌルになって気持ちいい。これだけでオーガズムに達する女性もいます。

この動きを続けたら、クリトリスが姿を現します。「クリトリスがあらわれた！」と勇んで激しく攻めないように。指の腹を使って、優しく繊細に愛撫しましょう（イラスト④を参照）。

膣から出た愛液をすくって、つねにクリトリスが濡れている状態を保つこと。円を描くように触

イラスト①

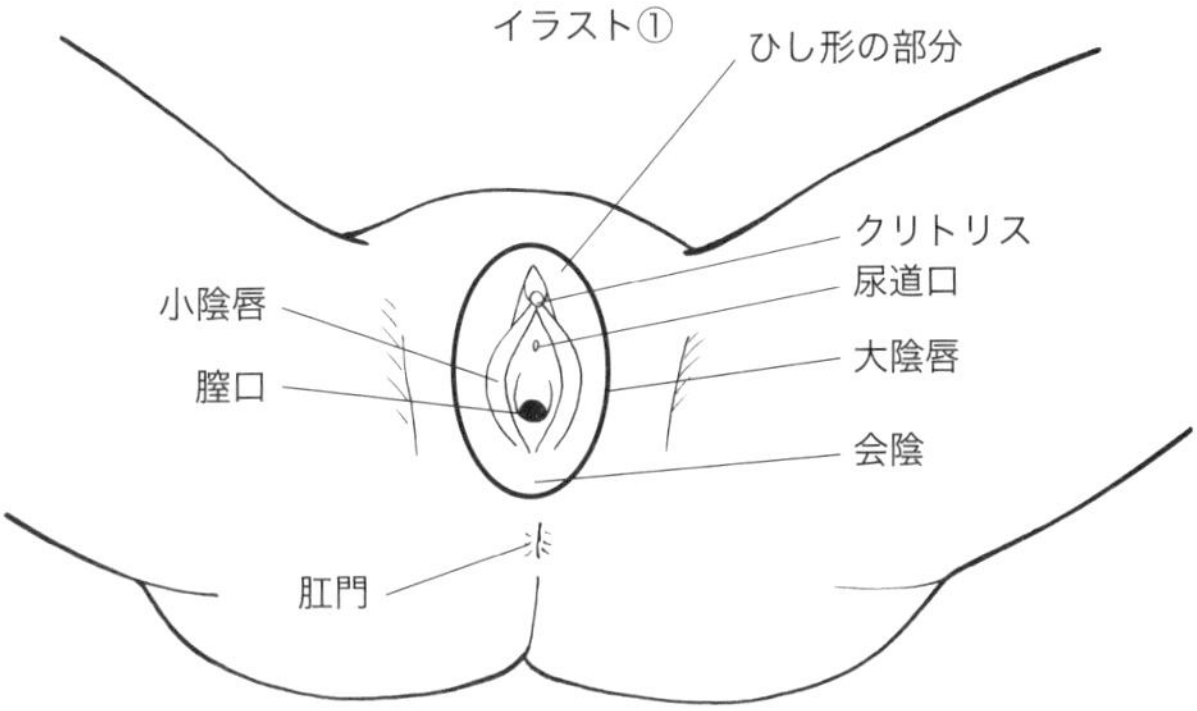

イラスト②

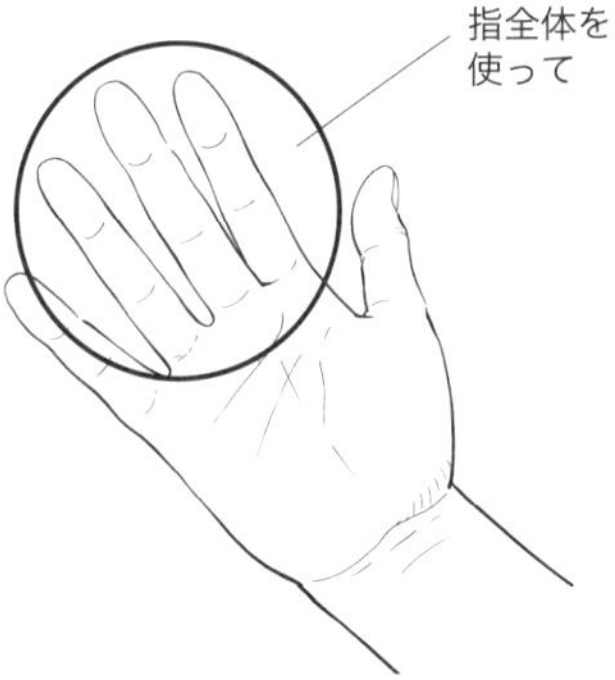

イラスト③

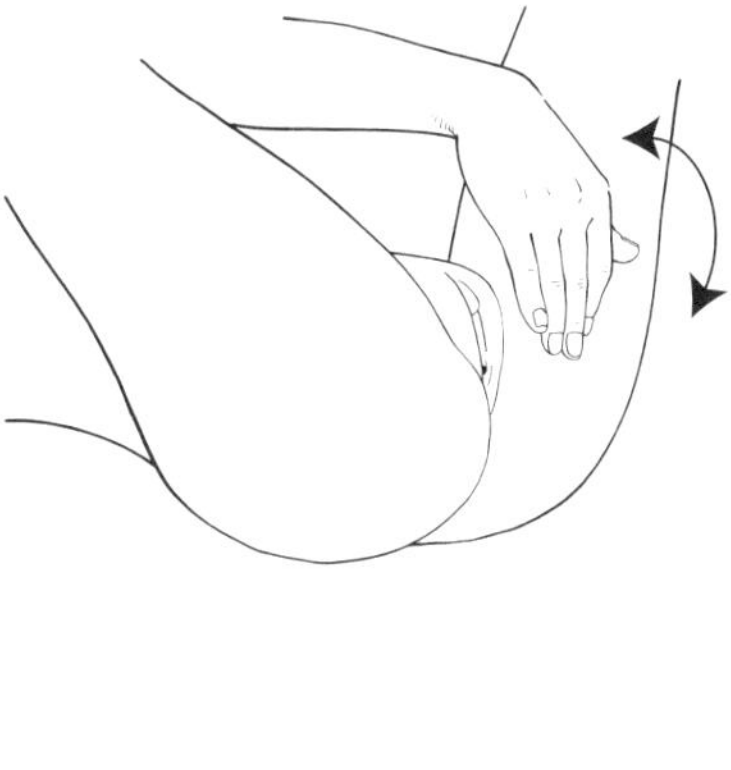

イラスト④

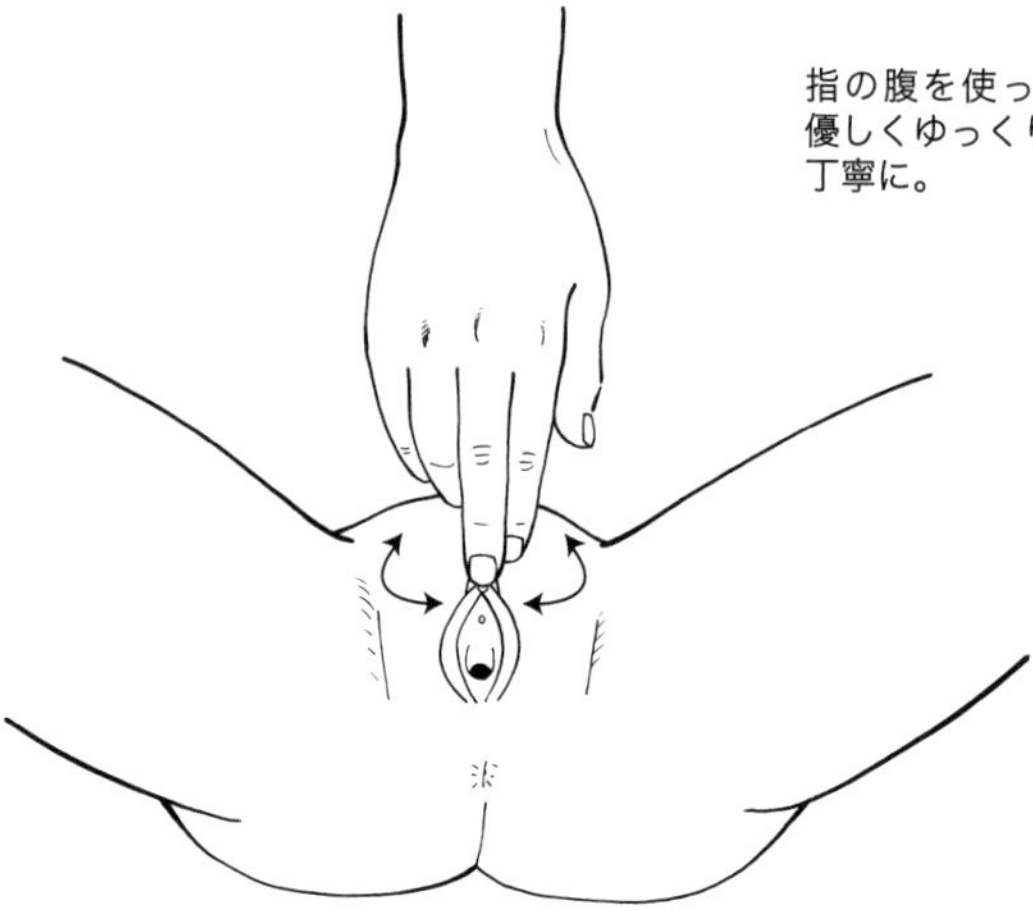
指の腹を使って、
優しくゆっくりと

イラスト⑤

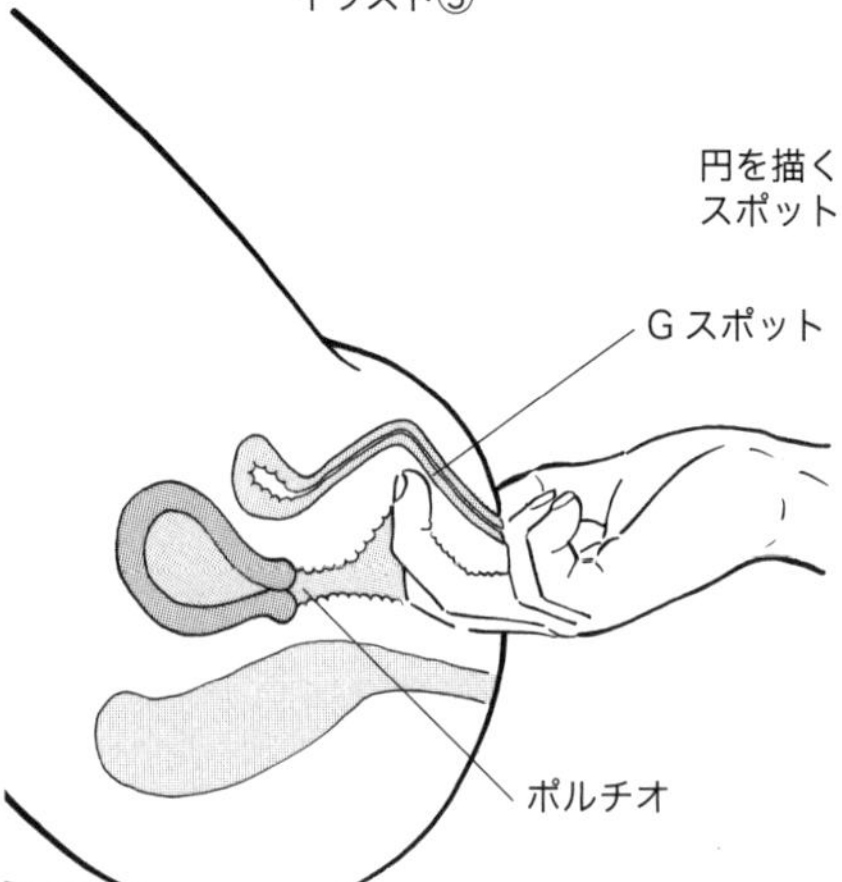
円を描くようにG
スポットを刺激。

ったり、下から上に触ったり、彼女の反応を見ながら試してください。

クリトリスはほぼ全員の女性が感じますが、好みの愛撫や感じる位置には個人差があります。レズビアンの女性に聞いたところ、てっぺんが感じる人もいれば、時計でいうと4時の位置が感じる人など、様々だとか。「これとこれ、どっちがいい?」と彼女に聞きながら愛撫しましょう。

彼女がぎゅっと脚に力を入れたり、脚を突っ張るようにしたら、オーガズムが近い合図。オーガズムに導く場合は「動きを変えない」のが鉄則です。そこで動きや強度や速度が変わると、女はイケなくなるのです。男性は張り切って変化を加えがちですが、それがオーガズムを逃す原因。


「彼女がイキそうになったら、イクまで同じ動きをキープする」と胸に刻んでください。


続いて、膣内の愛撫へ。膣内の性感帯は**「Gスポット・ポルチオ」**の2ヵ所です。Gスポットは入り口から5センチ程度のお腹側。膣に指を入れて第二関節を曲げたあたりと言われます。ポルチオは膣のつきあたり(子宮の入り口)。中指を奥まで差し込み、指先に当たる部分です。

膣内で強く感じるのは、基本的にこの2ヵ所のみ。それを知らない男性が多いため、膣でイケない女性が多い。やみくもに指を動かすんじゃなく、性感帯を意識しながら触りましょう。

ただし、ポルチオが感じる女性は**1割以下**だといわれます。まずはGスポットを開発するのがオススメですが、それにも時間がかかります。初めは「クリトリスで感じさせること」を目標にしましょう。クリトリスで十分に感じれば、膣でも快感を得やすくなる。それに膣内が愛液で潤うため、指やペニスを受け入れやすくなります（濡れてない膣に指やペニスを入れるのは厳禁。どうしても濡れない場合は潤滑ローションを使いましょう）。

クリトリスで十分に感じさせた後に、中指か人差し指を膣に差し込みます。指を折り曲げて、入り口から5センチあたりのGスポットを狙いましょう。この時、指の付け根がクリトリスに当たるようにして、**手全体を軽く回すように**触るのがベスト。

これだと指の腹で円を描くようにGスポットを刺激しつつ、クリトリスにも刺激が加わるため、強い快感を得られます。私はいつもこれでイキますよ。だから私の性癖など知りたくないか。

クリトリスとGスポットのWのオーガズムは、クリトリスだけのオーガズムよりも強力です。彼女の反応を見ながらトライしてみてください。

AVにありがちな「激しい高速ピストン」「音を立ててかき回す」などはNG。あれらは痛いだけで全然気持ちよくないし、膣内を傷つける恐れもあります。

Gスポットは直径約1センチの狭いエリアなので、そこだけじっくり狙えばよいのです（よって愛撫は指1本で十分。彼女からリクエストされた時だけ、他の指も追加しましょう）。

ポルチオは中指を奥まで入れた指先に当たる部分ですが、触られると痛みを感じる女性が多いので、無理に触らないこと。中指の腹でそっと撫でてみて、彼女に「痛くない？」と聞いて「気持ちいい」という答えであれば、ソフトに愛撫しましょう。

繰り返しますが、膣で快感を得るには開発が必要。指がふやけるまでGスポットを探しまくるとか、やめましょうね。

クリトリスと同様、「彼女がイキそうになったら、イキ終わるまで同じ動きをキープ」も忘れずに。愛撫中、性器だけにまっしぐらにならず、たまに彼女の唇や体にキスして愛情を伝えましょう。

挿入

それでは、待ちに待った挿入です。「彼女を前戯で十分に満足させてから挿入」という鉄則をお忘れなく。タイミングについては、自分から「入れて」と言う女性も多いです。経験が少ない女性やシャイな女性は言い出しにくいので、「入れていい?」と聞きましょう。

挿入の前に、必ずコンドームをつけること。膣外射精（外出し）は避妊にはなりません。危険日・安全日という言葉もありますが、排卵日がずれることもあるので、妊娠を望まない限り必ずコンドームをつけましょう（性感染症予防のためにも重要です）。

「コンドームをつけてる間が気まずい」というのは迷信。女はちゃんと避妊してくれる姿勢に信頼を感じます。コンドームが途中で抜けたりしないよう、落ち着いて根元まで被せましょう。

セックスの基本は正常位から。ペニスを挿入する際は「ゆっくり、少しずつ」入れましょう。いきなりぶっこむと、小陰唇（いわゆる花びら）が巻き込まれて痛いのです。また一番奥（ポルチオ）をいきなり突かれるのも、すんごく痛い。

挿入する時は片手でペニスを握り、膣の入り口にあてながら、軽く上下に動かすのがオススメ。これだと入り口を見つけやすいし、彼女も心の準備ができます。

先端が入ったら、少しずつ深く挿入していきます。一気に奥まで入れず、ゆっくりと前後に動かしましょう（膣とペニスをフィットさせる感覚で）。これだと経験の少ない女性もペニスを受け入れやすくなるし、何度も入り口をこすられることで快感を得られます。

初めはゆっくりと動かしながら、膣の感触を味わいましょう。彼女もペニスの根元がクリトリスに当たりカリがGスポットをこすることで、快感が高まっていきます。

彼女の反応を確かめながら、少しずつスピードを上げましょう。ただしAVのような高速ピストンは必要ありません。それに目をつぶって「フンフンフンッ！」と腰を振られると彼女は寂しい、というかまあ「滑稽」「頓狂《とんきょう》」と思われかねないので、もう少し余裕を持って。

女はセックスで愛情を感じたい生き物。挿入中も愛しそうに彼女の顔を見つめたり、抱きしめたり、手をつないだり、髪や頬を撫でたり唇や体にキスして、愛情を伝えましょう。

挿入でイケる女性は少なくても、「愛する人とひとつに繋がること」で女は満足するのです。

童貞におかれましては、「勃起しない」「中折れ（挿入中に萎える）」が気になるところですね。緊張のあまり（または体調や加齢によって）ペニスが制御不能になるのはよくあること。

勃たなくても中折れしても、女はさほど気にしません（挿入＝本番と思ってないから）。「緊張してるみたいで」と素直に言えば大丈夫。クヨクヨされる方が面倒くさいので「ごめんね」と謝って引きずらないようにしましょうね！


体位についてですが、初セックスは「正常位のみ」がよいでしょう。ほとんどの女性は正常位を一番好むし、経験の少ない女性は他の体位に抵抗を感じることも多い。男女ともに経験が少ない場合、正常位以外だとうまく動かせない可能性もあります。

女はいろんな体位を試したいとは思ってません。むしろ「体位をコロコロ変えられる方が嫌」「変わった体位を試すのは勘弁してくれ」と思ってます。

女が好む体位は正常位、それ以外では後背位（バック）・騎乗位・対面座位（お互いに座って向き合う体勢）くらい。ただ正常位以外は「恥ずかしい、苦手」と感じる女性もいるので、2回目以降のセックスで「試してみる？」と聞いてください。

「体位を変える時はペニスを抜かない方がいい（盛り上がった気持ちが冷めるから）」という説も迷信です。ペニスを抜かずに体位を変えると小陰唇がねじれて痛いので、いったん抜くのが正解。無論、そんなことで気持ちが冷めたりもしません。こういうのを聞くと「他にもっと気にすることがあるやろ」と思うんですけどね……。

体位を研究する際は、見た目のエロさよりも「相性」を重視すべき。ペニスにいろんなサイズや形があるように、膣のサイズや形も様々。**「2人がもっとも満足できる体位」**を探してください。

正常位でも女性が脚を閉じれば「浅い挿入」になるし、脚を広げて腰を抱えるように入れると「深い挿入」になります。それぞれ、当たる場所も違ってきます。後背位でも四つん這いでしたり、2人ともぺたんと寝たままましたり、いろんなバージョンがあります。

それぞれ挿入の深さや角度が違うので、彼女が痛くないか気づかいながら、気持ちのいい体位を探してください。

騎乗位というと、女性がまたがってロデオのごとく「ヒーハー」と暴れ狂うイメージかもしれません。これはビジュアル的には面白いのですが（私も面白いのでよくやる）、実はさほど気持ちよくない。それに調子に乗るとペニスがすっぽ抜けてしまう。騎乗位でGスポットやポルチオを狙うには、女性が男性の体に抱きつき、男性が下から腰を動かす方がうまくいきます。

カップルによって相性のいい体位はそれぞれ。「自分たちのベスト体位」を見つけてください。

それではいよいよ射精です。射精する時は無言で出さず、「イキそう」または「イッていい？」と言いましょう。「イキまーす！」と叫ぶのは面白いけどやめましょう。

無事に射精が終わったら、すみやかにペニスを抜くこと（ペニスがしぼんでコンドームから精液が漏れないように）。挿入後のコンドームは抜けやすくなっているので、しっかり根元をつかんで注意深く抜いてください。

その後、彼女にティッシュを手渡します（彼氏に股を拭かれるのは恥ずかしい女性もいるので、手渡す方が無難）。それから自分のペニスも拭きましょう。

そこからは、腕枕タイム。「セックス中よりもセックス後の態度を重視する」という女性は多いため、この時間は重要です。

男は射精すると一気に冷静になりますが、女はまだまだ余韻が続きます。そこで彼氏が素っ気ない態度を取ると「ヤレりゃいいのか？」と彼女は落胆してしまう。すぐにシャワーを浴びたり服を着たり煙草を吸ったり携帯をいじったりテレビをつけるのはNG。

裸のまま布団に入り、彼女に腕枕しながらキスしたり髪を撫でたり、イチャイチャと過ごしましょう。すると彼女はハッピーな気分に包まれます。ハッピーな気分であってエロい気分じゃないので、乳首や性器をいじらないように。「どうだった？　イッた？　イッた？」としつこく聞くのもやめること。

「好きだよ」「付き合えてよかった」と愛情のこもった言葉を伝えましょう。腕がしびれたら、そっと抜いて手をつなげばOK。

以上が初セックスの流れです。一気に詰め込んで、パニックになったかもしれませんね。でも基本さえ守れば、お互いに満足のいくセックスができます。血気盛んな若者は「自分が気持ちよくなりたい」と思うあまり「相手を気持ちよくさせたい」という姿勢を忘れがち。この姿勢さえ忘れなければ、セックスはどんどんよくなり、カップルの絆も深まっていきます。

セックスする前に、以下の「絶対に守るべき基本」をおさらいしてください。

- **女が求めるのは「愛を感じる、スタンダードなセックス」**
- **勢いまかせ・力まかせにがっつかない（スピードやパワーは必要ない）**
- **愛撫は「弱すぎるかな？」くらいがちょうどいい**
- **愛撫はゆっくり優しく丁寧に、たっぷりと焦らしながら**
- **インタラクティブ（双方向・対話型）なセックスを心がける**
- **前戯に時間をかけることで、挿入も気持ちよくなる**

このすべてを満たしたセックスができる男性は100人に1人もいません。これらを守れば、高橋名人級のセックス名人になれます。世の女性のためにも、セックスの上手い男性が1人でも増えますように……（合掌）。

女体の正しい開発法（2回目以降のセックス）

フェラチオとクンニ

2回目以降のセックスも、愛を感じるスタンダードなセックスを心がけましょう。その過程で彼女の反応を見ながら、新しいことにもトライしてみましょう。その代表が、オーラルセックス。オーラルセックスに憧れる男性は多いですが、抵抗を感じる女性もいます。少なくとも、エロ漫画のように「しゃぶらせて〜」とむしゃぶりついてくる女はいない。私のように「フェラ道、極めまっせ！」と求道心あふれる女はたまにいる。

それはさておき。女性がフェラチオに抵抗を感じるのは、恥ずかしいから・気持ち悪いから・オエッとなるから・顎が疲れるから。とはいえ「やらないからな、誰がチンポなんかしゃぶってやるものか！」という女は少ない。「あんまり好きじゃないけど愛する彼のためなら」という意見が多数。彼女を愛して大切にすることで、彼女はあなたに喜んでほしいと思い、しゃぶってくれるのです。

それを理解した上で、「舐めてくれる？」と頼んでみましょう。無言で頭を引き寄せる男もいますが、女は内心ムッとします。謙虚に恥ずかしそうに頼めば、彼女は意外と応えてくれますよ。

ただし、奥までくわえさせようとしたり、彼女の頭を手で動かすのは厳禁。精液を飲ませようとするのも厳禁（あなたも自分の精液をおちょこに注いでクイッと飲んでみれば、どれだけ不味く、エグく、不快な飲み物かわかります）。

また「くわえたものの、どう動けばいいかわからない」という女性も多いため、要望を伝えてくれた方がありがたい。「手でサオをしごきながら亀頭を舌で舐めてほしい」と言われれば、女性も奥までくわえてオエッとなったり、顎を痛めずにすみます。その際も決して偉そうに言わず、謙虚に恥ずかしそうに言うこと。オーラルセックスの前はシャワーを浴び、これでもかというくらいペニスを洗いましょうね。

続いてクンニについて。クンニされるのに抵抗を感じる女性も結構います。理由は恥ずかしいから、見た目や匂いが気になるから。それらに問題がなくても「彼氏に嫌われるんじゃないか？」と心配する女性は多いのです。彼女の抵抗を減らすには、部屋を真っ暗にすること。とはいえ嫌がってるのに無理強いしてはいけません（シックスナインはさらに抵抗感が強いため、フェラやクンニをやり慣れてからにしましょう。体勢は女が上で男が下のほうがやりやすい）。

クンニする際は彼女の股の間に入って、性器と向き合うようにします。毛が口に入らないよう指でどかして、両手で小陰唇を開きます。その後、下から上に舐め上げます（膣から出た愛液をクリトリスに塗るイメージで）。

その後、クリトリスを重点的に舐めます。上手なクンニのイメージは**「ゆっくり、ねっとり」。**

舌の力を抜いた柔らかい状態で、ねっとりとクリトリスを舐めましょう。下から上に舐め上げたり、円を描くように舐めたり。彼女が感じてきたら、クリトリスを軽く吸ったり、舌でつつくのもアリ。ただ刺激が強いと痛がる女性もいるので、反応を探りながら試すこと。唾液や愛液がじゃんじゃん口にたまりますが、なるべく飲まずに出しましょう。飲んでも問題ありませんが、それらは潤滑液の役割を果たします。ヌルヌルの状態で舐められることがクンニの醍醐味なのです。

世の中にクンニのうまい男性は少ないもの。私は過去に1人だけクンニ名人に当たりましたが、「あの素晴らしいクンニをもう一度」といまだに思う。それぐらい、かけがえのない思い出です。あなたも「僕が一番マンコを上手く舐められるんだ！」と名人を目指してみてはいかが？

挿入で彼女をイカせるには？

「繋がったまま一緒にイキたい」と望む男女は多いもの。挿入でオーガズムに達すれば一体感も味わえるし、イク瞬間は膣がぎゅっと締まって痙攣するため、男性は未知の快感を味わえるというオマケつき。私の個人的意見としては、挿入のオーガズムは面白い。前戯は「こうすりゃ9割イケるでしょ」と予想が立つけど、挿入でイクにはコントロール能力が必要。「あたれぇ！」と標的を狙って「あたったー!!」とガッツポーズしたくなるような達成感。スリリングかつエキサイティング。

その面白みを世の女性たちにも味わってほしいわ。

女性が挿入でイクためには訓練が必要です。まずは指を使って、膣でイケるように練習しましょう。方法としては、クリトリスを愛撫して、彼女がイキそうになる寸前に膣に指を挿入する。そこからGスポットを刺激してオーガズムに導きます。これで「膣でイク感覚」を学習するんですね。

その後、指をペニスに替えて練習します。彼女がイク寸前になったら「今だ！」とタイミングを教えてもらって、ペニスを挿入する。それから体位や角度を工夫して、うまくGスポットを狙うように動かします。が、ペニスは指のように自由自在には動きません。ペニスを使ってオーガズムを得るには、パイロット（＝女性）の努力も不可欠。

挿入でイケる女性と話すと「受け身で入れられてるだけじゃ絶対イケない」と口を揃えて言います。私も挿入でイクために研究と訓練を重ねました。それで得た結論は**「タイミング・集中力・呼吸法・膣のコントロール」**が鍵。クリトリスの愛撫でイキそうになる寸前、絶妙な「タイミング」で挿入に切り替える。それから膣に全意識を「集中」させる。エヴァのパイロットのように、己とマンコをシンクロさせるつもりで。

同時に息を止めたりゆっくり吐いたりという「呼吸法」と、膣を緩めたり締めたりという「膣のコントロール」によって、快感を研ぎ澄ませてゆく。そんなパイロット自身の努力によって、挿入でのオーガズムが可能になります。挿入でイケる女性は「私も同じことをしてる」と言います。特に集中力と呼吸法が鍵なので、サービス精神であえぎ声やよがり顔を演出していては、絶対にイケませんん。「気持ちよければ声が出るはず」というのは男性の思い込みで、女が声を出さなくなったら「快感が高まってる」「もうすぐイケそう」な合図。そのまま同じ動きをキープしましょう。

ちなみに女性がイキやすい順としては「うつ伏せに寝てバックで入れられながら、自分でクリトリスを触る」「騎乗位で自由に動きながら、彼氏にクリトリスを触ってもらう」「クリトリスの愛撫でイキそうなギリギリのタイミングで、正常位で挿入」だと思います（クリトリスを触る時はあまり動かさず「指をあてる」くらいがベスト）。とはいえ人によって感じ方は違うので、彼女と協力してイケる方法を研究してください。オーガズムに必要なのは**コミュニケーション。**彼女とセックスについてフランクに話せる関係を築き、「こうすればイケるらしいよ」「こっちの方が気持ちいいかも？」と情報・意見交換しながら、２人でオーガズムを目指してください。

日本人のセックス満足度が低いのは、このコミュニケーションが苦手だからでしょう。もともとシャイな民族だし、「性について語るのははしたない」「セックスは男が一方的にリードすべき」という価値観がある。でも21世紀を生きる我々としては「そんな古い考え、修正してやる！」の心意気で、自由にセックスを楽しもうではないですか。

「新しい時代を創るのは、老人ではない！」

中年に足をつっこみつつもそう主張したい、アルテイシアなのでした。

対談

アルテイシア×宋 美玄
（医師・性科学者）

女が本当にしたいSEX

宋 美玄（ソン・ミヒョン）

1976年神戸市生まれ。2001年大阪大学医学部医学科卒業。大阪大学産婦人科入局。07年川崎医科大学講師就任。09年ロンドン大学病院の胎児超音波部門に留学。10年より都内の病院で産婦人科医として従事すると同時に、性や妊娠などについて啓蒙活動を行っている。著書に『女医が教える本当に気持ちのいいセックス』『産科女医からの大切なお願い―妊娠・出産の心得11ヵ条』『幸せな恋愛のためのSEXノート』『ずっとずっと愛し合いたい』など。アルテイシアとは20年来の親友。

本当に気持ちのいいセックスとは？

アルテイシア（以下、アル）　女性読者のセックスの悩みで多いのは「痛い」。患者さんでも「私に問題あるのかしら」って相談にくる人が多いんでしょ？

宋 美玄（以下、美玄）　うん、でも大抵は彼氏の触り方の問題。イカないと悩む患者さんの話を聞いても「そのやり方じゃ永遠にイカへんやろ」みたいな。Gスポットを刺激する時はパソコンのマウスをクリックするくらい。クリトリスを触る時はトラックボールを回すくらい。それくらいの強さでいい。

アル　AVの激しいプレイを観て勘違いしてるよね。私も乱暴に脚を開かれるとかよくあった。バキッて音がして「股関節はずれるやないか！」みたいな。

美玄　AVに毒されている人と処女の女の子がエッチしたら、どうやっていいセックスに持っていくのか。相当時間かかるよね。

アル　元AV女優さんに聞いたのは「AVの影響受けてる男って多いよな～」って言いながら、いざやったらＡＶの影響受けてる男がめっちゃ多いと（笑）。

美玄　週刊誌のセックス特集も「マンネリを打破する39の体位」とか、すごく変な体位がいっぱい載ってる。

アル　立ちバックとか駅弁とか通常しないからね。男目線のセックス本は体位の説明に延々とページが割かれてて、「我が生涯にいっぺんも背面座位なし！」とか思うんだけど。

美玄　背面座位は挿入がすごく浅いし、動きにくいし、相手の顔も見えないし、男女ともにイキにくいし、メリットは何もない。

アル　参考書が間違ってるのに、それで女が「不感症じゃないの？」とか言われるのは悲劇。私は童貞の元彼に「結構、陰毛濃いよね」って言われてカッチーンときた。雑誌のヘアヌードは処理しとんねんと。だって私の陰毛、全然濃くないでしょ？

美玄　詳細は覚えてないけど（笑）濃くはなかった。

アル　昔、オマーン様もチェックしてもらったんです。

編集T　えっ、内診を受けられたということですか？

アル　いえ、一緒に沖縄のスパに行った時、外観を見てコメントおくれと。で、パカッと股を開いた。

編集T　さすが20年来の親友ですね……。

美玄　見てと言ってきたのはこの人だけですけどね。私は仕事柄、何万個も見てるじゃないですか？

アル　マンコ一日何万個！

美玄　一日に何万個も見ないから。確かアルのを見て「きわめて標準的」とコメントしたと思う。

アル　うん、面白くもなんともないオマーンだったらしい。まあ大抵は魚の苦いところみたいな色よね？

美玄　うまいこと言う（笑）。

アル　でもピンクじゃないとか小陰唇が大きいとかで悩む女性もいるよね。小陰唇大きくても困らないのに。そりゃチャックで挟んだりしたらすごく痛いだろうけど、チャック上げる時に気をつければいい話で。

美玄　まあね（笑）。プロのヌードモデルさんとかは手術で切ってる人も多いんじゃない？

アル　切った小陰唇は思い出に持って帰るのか……。

美玄　持って帰らないと思うよ。性体験の多さで色や形が変わるって誤解もあるけど、関係ないから。髪が茶色い人もいれば黒い人もいるように、単なる個人差。

アル セックスを綺麗なものだと美化しすぎない方がいいよね。セックス中に屁が出ることもあるし。

美玄 直腸にも刺激が伝わるからね。そういうことは人間なので起こりますよと。

アル 偽情報に騙されて、目玉を舐めてくる男もいる。

美玄 眼球が性感帯のわけないし、結膜炎になります。正しい性知識のない人が書いてるセックス本も多いから。AVにしても、女優さんを四つん這いにさせて後ろから指をピストンさせて、その時に指が上を向いてる。つまり膣の背中側を刺激してるんだけど、それでイクことはまずない。Gスポットにもポルチオにも当たってないから。

アル 「前戯が短い」って女性の不満は多いんだけど、男性はAVの影響で挿入＝本番だと思ってる。実際はクリトリスでイク女性が多数派なのに。

美玄 「挿入でイケる女が上」と思ってる男性もいるよ。でも、イクに上も下もないから。

アル そう、福沢諭吉も言ってる、オーガズムに上下はない！ それに前戯で十分に感じてるから、膣でも感じられるわけで。ちなみに宋はポルチオ派だよね？ 私はGスポット派なんだけど。

美玄 うん。

編集T 本当にお互いを知り抜いてますね……。

アル 付き合いが長いんで、え・いんの呼吸（笑）。感じるツボやイキ方は人それぞれだから、男性には彼女の体をよく知ってほしい。ちゃんと正しい性知識も知ったうえでね。

美玄 マスターベーションならイケるって女性は多いから、彼氏が正しいやり方をすればセックスでもイケるはずなのよ。男目線のセックス本では「クリトリスは包皮をむいてから触りましょう」とか書いてるけど、そんないきなりむいたら痛いに決まってるやーん！

アル 服も下着も全部脱がせてからやりましょうとかね。実際はパンツの上から触って、クリトリスが勃起して出てくるのを待たないと。「まだだ、まだ触らんよ！」と。

美玄 そうなんだけど、それは誰（笑）？

アル　シャア。とにかく恋愛やセックスについては、男性の意見は鵜呑みにしない方がいい。男性誌の「女が語る最高のセックス」系の記事も、突飛なセックスばかり紹介するし。

美玄　「1000回セックスしたけど、印象に残ってるのはこれ」みたいなやつね。

アル　女はスタンダードなセックスを求めるのに。

美玄　男性にはテクニシャンと呼ばれたいとか、そういう願望があるんじゃないの？

アル　「俺の知らない必殺技がこの世のどこかにある、ウオー！」みたいな（笑）。その男心はわかるんだけどね、48の殺人技に憧れるような。でも男性誌に書いてることを鵜呑みにすると、彼女に嫌われるから。

美玄　「普通のセックスが最高です」じゃネタにならへんもん。私も男性誌の取材で「本当に気持ちいいセックスは地味なんですよ」と言い続けたけど「それじゃ記事になりません」と何人に言われたことか……。

アル　強引に乱暴にされて燃えたとか、それはやり込んだカップルが「今日はこのプレイを楽しもう」と試すのであってね。コンセンサスがあるのが前提。

美玄　「女にはレイプ願望がある」とか「強引にされても最終的には感じる」みたいなAVもいっぱいあるけど、嘘だからね。信じてやったら振られる。

アル　実際に振ったこともある。その元彼は冗談のつもりで、無理やりパンツをおろして指をぶっこんできたんだけど、とっさに殺してしまうかと思った。鈍器がなくてよかったわ、ガラスの灰皿とか。

美玄　信頼関係ができた後で、お互い興奮するプレイとしてするならアリであって。コンセンサスもなくやったら警察に通報されますよ。

アル　女は強引に迫られたら「体目当てなのかしら」って不安になるでしょ？　男性は自分が性的対象に見られて傷つく機会が少ないから。マッチョなゲイにアナルを狙われるみたいなことって、まずないから。でも女性は痴漢に遭ったり露出魔に遭ったり、やりたいだけの男に狙われたりって経験を少なからずしてて、傷ついてる。無理やりとか強引に迫られることに対しての嫌悪感が、男性が想像してる何倍もあるよね。

美玄　うん。だからあんまりガツガツこられてもね。

アル　女は大切にされてると感じて、初めてセックスをよいものだと思うから。

美玄　それと、セックスってやっぱり1人ではうまくなれない。パートナーの体とじっくり対話して、それでだんだん相手の声も聞こえるようになるし、加減もわかるようになる。

アル　私たちがよく言うインタラクティブ・セックス、双方向・対話型のセックスはコミュニケーションが基本。金玉がサオ並みに感じる男子もいれば、くすぐったいだけの男子もいるように、人それぞれ違うし。

美玄　スタンダードなセックスをしながら、じょじょにヒアリングするのがいいと思う。「これとこれ、どっちがいい？」って選択式で。「これはいい？」だと女性は「うん」って答えちゃうから。

アル　女性は希望を言うと彼氏に悪いとか、誤解してる人が多い。彼氏だって演技される方がよっぽど嫌なのにね。

美玄　痛いから「早く入れて」って言う人も多いよね。それだと彼氏は感じてると誤解して、いつまでたってもセックスの満足度は上がらない。

アル　女性も言い方を工夫すればいいだけなのに。「痛い！」じゃなく「私は敏感だから優しく触って」って言えば彼氏も嬉しい。「それはイマイチ」じゃなく「さっきのが気持ちよかった」とかね。女も受け身でいるんじゃなく、伝える努力をしないと。

美玄　それが本当に気持ちのいいセックスをする、一番の秘訣。

「ワンランク上の男」という幻想

アル　続いては男性の悩み。男性読者のセックスの相談でもっとも多いのは「チンポがちっさいんです」。

美玄　男には男根主義があって、大きければ大きいほどいいとか、もちがよければよいほどいいとか……女からすると迷惑なんだけどね。

アル　女もそれぞれサイズと間取りが違うから、大切なのは穴と棒の相性。女性は「大きすぎる方が嫌」って意見が多いよね。

美玄　サイズが合わない場合でも、体位と挿入の角度を工夫すれば解決するけど。

アル　あとはローション。私の友達で「挿入は痛いだけ」って悩んでた子が、タンポン型の中に入れるローションを使って「挿入最高！」に変わってたよ。もしくは、ローションをペニスに塗ってヌルヌルの両生類にして（笑）入れるのがオススメ。

美玄　女性はクリトリスが一番手っ取り早く感じやすくイキやすいんだから、もともとあまりペニスに重きをおいていない。男性がペニスにこだわりすぎるのはナンセンス。仮性包茎とか気にされてもね……。

アル　これはナンセンスだ！　ところで仮性包茎は日本人の男性の何割くらい？

美玄　半数以上と言われてる。勃起してむけたらいいやん、別に。

アル　しぼんでる状態をしげしげと見ないし。

美玄　しぼんでて皮が被ってても問題なくない？

アル　ない。美容外科の宣伝に乗せられてはいけないと思う。

美玄　「ワンランク上の男」（笑）。

アル　皮で男のランクは決まらないから（笑）。

美玄　唯一注意すべきは、清潔さを保つこと。包皮の間に汚れがたまりがちで、匂いの原因にもなるから。

アル　洗っていればどうということはない！　皮をむいてシャワーで綺麗に洗いましょう。

美玄　誰？

アル　シャア。早漏と遅漏はどうでしょう？　女は遅漏の方が嫌って意見が多いと思う。

美玄　刺激が長く続くと濡れなくなるし、摩擦で痛むからね。時間が長ければいいっていうのは男の勘違い。まず早漏の克服法としては、「イキそうになるまでやって我慢する」。手でペニスを刺激して射精しそうになったらパッと離してやめるか、キュッと締めて我慢するか。それを5セット繰り返す。最終的には彼女にも協力してもらって、膣に入れて、イキそうになったら動きをストップ。

アル　坊さんが屁をこいた方式。

美玄　（笑）セマンズ法、スクイーズ法って名前があるんやけどね。

アル　遅漏は？

美玄　女性が挿入で十分に満足したら、いったん抜いてローションを使って手で刺激するとか……彼女の負担を軽くするように気を配れば、無理に改善しなくてもいいと思うけど。膣での射精にこだわる必要はない。女は別にこだわらないんだから。

アル　オナニーのしすぎで膣でイケない男性も多いんでしょ？

美玄　ペニスに強い刺激を与えすぎてる場合ね。きつく握りすぎたり、畳にこすりつけたり。

アル　その畳に寝転がるの嫌やわ〜。

美玄　（笑）そんな場合は、膣に近い状態でマスターベーションして治す。コンドームの中にローションを入れて被せて、ゆるーいグリップで射精を目指す。

アル　オナホールに慣れるのも危険やと思うわ。キツめのアナルを想定したオナホールとかも開発されてるらしいけど、「開発の手を止めて〜」と言いたい（笑）。

美玄　私は男性に「ペニスにコンプレックスを持ってる男をフォローせなあかんほうが100万倍面倒くさい！」と言いたい。

アル　女は挿入＝セックスと思ってないから、ペニスにこだわらないよね。ペニスの性能の違いがセックスの決定的差ではないということ。たとえ勃起しなくても、女は手や口で愛撫してくれたら満足する。男も挿入でイクことにこだわらず、手でしごいて出してもらったらいい。

美玄　そのとおり。気にしすぎなさんなと。

アル　ただ私はイキそびれたらちゃんと手でイカせてほしいわ。挿入でイクぞと思って我慢してたら、相手が先にイッてしまった場合。

美玄　わかる！　イク寸前の状態でイケないと、中途半端でもんもんとする。

アル　だからこっそりオナニーする女も多いんだけどね、彼氏が寝た後に（笑）。「早く寝ろよ」とか思うらしい。私はそれは嫌だから、「ちょっと触っていただけます？」と頼むんだけど。

美玄　もうちょっと触ってくれたらイケるんだけどって時は、それを表明した方がいいね。

アル　表明できない子も多いから「触ろうか」って聞いてあげた方がいいと思う。彼女が隣りでオナニーしてるのに気づいたら、彼氏もショックだろうし（笑）。

女はテクニックより愛情重視

アル　女はテクニックよりも、愛情とか大切にされてる感が何倍も大事だよね。

美玄　それはオタクの人たちはわかってるのかな？

アル　遊び人は「ヤレたらええ」って男が多いけど、オタクは「愛がないセックスはしたくない」って感じよ。基本、純粋だから。「オタクは二次元しか興味ない」って信じてる人もいるけど、オタクと話してたら「ネタに決まってるじゃないですか、本気で信じてる人いるんですか？」と驚かれる。実際に付き合ったら、オタクの方が愛情深いセックスをできるはず。

美玄　セックスの最中に抱きしめてキスされるとか、女にとって重要だからね。性欲を満たすことを優先されると、大切にされてるとは思えない。

アル　男は精巣に精子がたまって自然に性欲が湧くけど、女はエロスイッチが入らないとセックスしたくならないから。エロスイッチＯＦＦの時に乳首とかいじられたら、超イライラするよね？

美玄　イライラする！　殴りたくなる（笑）。

アル　ちゃんと盛り上げてエロスイッチをＯＮにしないと。後ろから抱きしめて首筋や耳にキスするとか、たっぷりイチャイチャして焦らさないと。

美玄　セックスレスの夫婦でも「いきなり夫が布団に入ってきて求められても、その気になれない」って意見が多い。

アル　女はすぐに切り替えられない。エロスイッチを入れるには、焦らし。後ろから首筋や耳にキスしつつ、性感帯の遠くから触っていく。すぐに乳首を攻めず、じょじょに近づいていく。下半身も足から太ももの付け根へと焦らしながら触る。ゆっくりと丁寧に。これは鉄板テクなので覚えていてください。

美玄　大切にされてると感じるのも、そういうスキンシップ、イチャイチャの時間を長く取ってくれる時だから。ただし相手が好きな人の場合ね。好きでもない男とすんなよって感じやけど……。

アル　宋さん、恋愛で苦難の歴史が長いから（笑）。

美玄　最初は好きになれるかなって感じで付き合ってみるものの、「これっておかしいよね、でも私が我慢すれば……」みたいな。

アル　我慢強いからね。私はちゃぶ台ひっくり返し系。

美玄　ちゃぶ台はひっくり返した方がいいよ!!

アル　いい旦那さんと巡り合えてよかったね（笑）。苦難の日々も報われた。

迷わずイケよイケばわかるさ

アル　日本はセックスの回数も満足度も世界ワーストレベルの国なんだけど、女にも問題があるよ。私の男友達はスペイン人の女の子と付き合って「なんで勢いまかせにがっつくの？　前戯が短すぎる！　もっと焦らしてくれないと濡れない！」と怒られて、自分のセックスが間違ってたことに気づいたって。

美玄　NOと言えない受け身な女性が多いから。シャワーも浴びてないのにフェラチオさせられるとか。

アル　それ実体験やん（笑）。洗ってないのにしゃぶってしまう我慢強さ。

美玄　私の携帯サイトにも「彼氏の精液を飲んでも問題ないですか？」って相談はすごく多い。医学的には問題ないけど、飲ませる彼氏はどうなのよと。

アル　昔、フェラチオで口に出されて、キスするフリして相手の口に出してやったら「何すんねん！」ってキレられてさ。「おまえの出した汁やんけ!!」ってて100倍返しでキレたった。

美玄　それくらいの強さがあるといいんだけど（笑）。

アル　唾液飲めとかオシッコ飲めとか、なんだかんだ飲ませたがる男は多いよ。征服感？　目に見える証がほしいから、汁にこだわるのか。

美玄　だから潮吹きが受けるのよ。

アル　あれって尿が飛び出してるんだよね？

美玄　膀胱の裏をゴシゴシ刺激するからね。
アル　別に気持ちいいわけじゃないでしょ？
美玄　もちろん、気持ちよさとは全然別よ。あれは気持ちいいことの指標ではないもの。
アル　潮吹きを目指して激しくピストンされて膣が傷つく子もいるから、やめましょうね。あとイク時ってむしろ無音なので、気持ちいい＝声が出るはずだと思わないこと。イク時って、呼吸を止めて快感をコントロールしたりするやん？
美玄　うん。「あーん、イクイクー！」と叫ぶとかはありえへん。
アル　そこで動きを変えられるとイケなくなるから、イッた後に「イクー！」って言う子も多いよね。私はセックスで演技したくないので「無音になったらイク寸前なので動きを変えないでほしい」と説明してる。
美玄　私は「イク＝KEEP ITの意味だ」と説明してる。
アル　私の場合、イク寸前は全神経を研ぎ澄ませて、侍のような気持ちになるね。
美玄　私は『紅天女』の芝居で北島マヤが滝の後ろから「うおおおお」って唸りながら登場するような気持ち（笑）。
アル　（爆笑）その気持ちがわかるのはこの世でマヤと宋さんだけじゃないかな。
美玄　最近イッてないから忘れてるわ～（注・当時、宋さんは臨月の妊婦でした）。
編集T　女性のイキ方にしてもこれだけバリエーションがあるということですね（笑）。
アル　滝の後ろから唸りながら登場する人もいると。

オススメのプレイあれこれ

アル　元AV女優さんが「最近は素人の男も演技する」って言ってたよ。プライベートでセックスした男にアンアンよがられて「お前それ演技やろ」って（笑）。
美玄　それは萎えるね～。
アル　女は男と違って見抜くから、わざとはダメ。「下着を褒めよう」とマニュアルに書いてたから褒めるとかも、大間違い。

美玄　正直に思ったことを言えばいいのよ。

アル　私は旦那に緑のツタの刺繍が入った下着を「甲子園球場」と言われました（笑）。うちの旦那はこんなだけど、男性は彼女がセクシーな下着をつけてくれたら嬉しいでしょ。あとは慣れた頃にコスプレもいいんじゃない？　変身願望のある女性は多いし。

美玄　私、メイド服3つ持ってるよ。ダーリンとのエッチに使ったけどめっちゃ盛り上がった。

アル　盛り上がるよね。私はコスプレ衣装をタンス二段分持ってる。死んだら形見として宋さんに。

美玄　ありがたいけどサイズがなあ。

アル　あなたチビッコだものね、私は骨太だからメイド服が似合わない（笑）。それはさておき、彼女とコスプレできるカラオケに行って、満更でもなさそうなら、セックスの時に打診してみるといいかも。

美玄　女もハマると楽しいしね。他にセックスマスター・アルテイシアさんのオススメは？

アル　そうじゃのう、わしはバイブよりも化粧用ブラシを勧めるのう。

美玄　化粧用ブラシ。

アル　バイブは強い刺激に慣れると人力でイケなくなるので。人は機械には勝てない。その点、化粧用ブラシのソフトな刺激はいいよ。絵筆でもいいけど、絵筆って画家じゃない限りあんまり家にないやん？

美玄　まあね（笑）。毛先のさわさわーって刺激は焦らしになるね。

アル　そう！　手先が不器用な男子でも、これがあれば上手に彼女を焦らせます。ケンコバは「ローションは神のよだれ」って言ってたけど、私は「化粧用ブラシは神の髭《ひげ》」と言いたい。

美玄　髭（笑）。まあいずれも初セックスでいきなりするんじゃなく、じょじょにね。オーラルセックスも初セックスではやめたほうがいい。

アル　クンニ嫌いな女の子も結構いるしね。

美玄　私も好きでもない人にクンニされるの嫌やわ。好きでもない人とすんなって感じやけど……。

アル　また苦難時代の記憶が（笑）。ところでクンニとフェラはバーターであるべきだと思うんだけど。

美玄　大事なのは「AVでは抜くまでフェラするけど、そんなしんどいことは普通できない」ってこと。フェラは抜くものじゃないと理解しておいてほしい。

アル　バイの子がフェラはクンニの100倍しんどいって言ってた。フェラは3分でもくたくたになる。

美玄　なる。あと私がテレビに出た時に「シックスナインは何がいいのかわからない」って言ったら、芸人さんが「女の子が攻められながら『ああ、もう無理～』ってガクガクッとなるのがいいんです」って。

アル　「舐めなきゃって思ってるのにもう気持ちよすぎて舐められない」みたいな演技までしないとイカンのか（笑）。面倒くさすぎる。

美玄　面倒くさいわ～。

アル　歌を歌わしたがる男もいたよ。民謡をロウソクの炎の前で唄う的な。

編集T　金沢明子じゃないんですから（笑）。

アル　宋さんはアナルNGとおっしゃってますが。

美玄　アナルを触った後に膣に触ったら子宮内膜炎になるからね。あの穴が存在することは忘れてほしいね。

アル　ウンコの時に思い出すけどね。ウンコのための穴やね。

美玄　なんで膣があるのに隣りの穴に興味を持たなあかんわけ？

アル　「アナルに花束を入れて抜けなくなった」って患者さんが来たこともあるんでしょ？　あんなガサガサするものをどうやって。

美玄　膣に異物を入れて抜けなくなる患者さんもいるよ。アイスの棒とか……って話をしたら、アルテイシアに「その棒はアタリだったかハズレだったか」と聞かれました（笑）。あと、ゆで卵が抜けなくなった患者さんもいた。

アル　養鶏プレイ？

自信がなくても恋愛はできる

アル　男目線の恋愛本には「鉄は熱いうちに打て、セックスしないと彼女の気持ちが冷める」とか書いてあるけど、大嘘。「愛されてる、大切にされてる」と信用できるから、女はセックスしたいと思うわけで。

美玄 そんな嘘が載ってるの？

アル 載ってるよ。オタクは貞操観念の強い女の子と付き合いたいと思うんだけど、そういう子に限ってセックスに抵抗がある場合が多いので、そこはわかってあげてほしい。セックスは勇気のいることだから。

美玄 100％の避妊はないから、妊娠のリスクもあるわけだし。

アル 親にも誰にも見せない部分を見せたり触ったりする行為なんだから、抵抗あるし恥ずかしくて当然……って私が言っても説得力ないけど（笑）、それを男性には理解してほしい。

美玄 女の子は簡単に許すと大切にされないとか、やり捨てられるんじゃないかって恐怖や不安もあるやん？ そういう気持ちをわかってあげてほしいよね。

アル 実際、やり捨てする男も多いから。

美玄 究極は「好きな子と付き合ってるだけで嬉しいけど、エッチできたらもっと嬉しい」くらいの感じ。

アル オタクはわりとそれに近いよ。愛する彼女を大切にしたいと思ってる。やり捨てするような男はオタクにならないから。それにセックス名人のポテンシャルもあると思う。研究熱心だし、オラオラ系とはもっとも遠い人種だし。

美玄 オラオラ系って、女を従わせたい男尊女卑系？

アル そう、ああいう人たちがひとりよがりなセックスをするんだと思う。「俺が正しい、好きにやらせろ！」っていう。とくに童貞のオタクは下手に経験がないぶん伸びしろは大きいよ。

美玄 あとは彼女を作ることやね。

アル 女の子でも「自信がなくて恋愛できない」って子は多いけど、みんな自信があるから恋愛してるわけじゃない。自信がなくても、相手を好きだから勇気を出してぶつかるわけで……宋さんもコンプレックスだらけだったんでしょ？

美玄 そうよ。大学時代「ブサイク、ブサイク」言われすぎて。

アル 言った方は冗談のつもりで忘れてたのよね？

美玄　そう！　同窓会で会ったら「俺そんなん言うわけない」とか言われて！　私はすっかり醜女《しこめ》コンプレックスを植え付けられたのに……。

アル　こんなにチビッコでキュートなのに、メイド服も似合うし（笑）。私も10代の頃は太ってたから、恋愛も結婚もできないと思ってた。でも学生時代って見た目で評価されるけど、社会に出ると人間性や仕事ぶりや人との接し方で評価されるからね、男性は特に。

美玄　結局、どんなジャンルでも人間に深みがあれば魅力になる。

アル　コンプレックスを抱えたままでも恋愛はできると言いたい。好きな人が現れて仲良くなりたいと思ったら、頑張る力が湧くから。火事場のクソ力的な。それに私たちもイケメンや条件のいい男じゃないと嫌とかないでしょ？

美玄　ない。

アル　綺麗事を言うんじゃなく、人それぞれだから。特にそこそこの年齢で社会で働いてる女性は中身を見るよね。条件よりも、人間性とか相性を重視する。

美玄　周りに医者が多い特殊な環境にいるけど、「医者」というだけでモテた男、女が医師免許に寄ってきて結婚した男とか、そのメリットがなくなったら捨てられるわけよ。自分が全部失ってもついてきてくれる彼女は、自分の中身に惚れた人しかありえなくない？

アル　うん。それに最初は刺激やトキメキもあるけど、時間がたつにつれ情愛に変わっていく。人間同士の絆が結べる人じゃないと難しいと思う。

美玄　「自分が一番大事」みたいな人は、恋愛してもその先は発展しない。関係を育てることができない。

アル　結婚して家族になると「自分が相手に何をしてあげられるか」「相手を幸せにしたい、支えたい」ってなっていくからね。

美玄　恋愛もセックスも同じ。自分のことだけじゃなく、相手のことを考えられるか。

アル　男女ともに、想像力と思いやりを大切にね。そうすれば愛するパートナーと幸せな関係を築けます。男性はチンポちっさいとか、しょうもないことをクヨクヨ考えすぎないようにしましょう（笑）。

恋愛経験ゼロのオタクの成功例

山田くんに彼女ができるまで

友人の山田くん（彼女いない歴＝27年）が「彼女を作る！」と決意して半年。

ＧＡＰや美容院に行って見た目を変え、コミュニケーションのコツを学び、周囲に「彼女がほしい」と公言するようになった頃、会社の同僚（イケメン）から「コンパに来るか？」と誘われた山田くん。「コンパなんて初めてだしどうしよう⁉」とパニックになった彼ですが、勇気を出してコンパに参加してみた。その翌日、私は彼とバーで飲みました。

「で、コンパどうだった？」と聞くと、なんだか暗い表情。

「イジられて終わった感じです。コンパに誘ってくれた同僚に『こいつすげー漫画とか詳しいんだぜ』とネタにされて」という言葉に「はかったな、イケメン！」と吠える私。冴えないオタクを誘って自分がモテようって魂胆か（後でわかったのですが、イケメンは緊張して固まっている山田くんをイジることでリラックスさせようとしたらしい。ええ奴やないの）。

「女の子たちはどうだったの？」と私は質問を変えました。

山田「女性はみんな感じのいいＯＬさんでした。また飲み会しようって話になって、連絡先も交換しました」

アル「そっか、甘辛い経験だったね、ご飯に合うね」

というわけで、その場は「経験値が上がってよかったじゃないか、無駄死にではないぞ！」と終わりました。

その後、コンパのメンバーで何度か飲み会をして、26歳のRちゃんという女子とメール交換を続けていた山田くん。コンパから2ヵ月たったある日、山田くんが〈すっかり寒くなりましたね、もう秋ですね〉とメールを送ると〈そうですね、また紅葉でも見に行きましょう〉と返信がきたという。

「ちょっと、その子あんたのこと好きなんじゃないの⁉」と殺気立つアルテイシア。山田くんが〈それってみんなでじゃなく2人でってことですか？〉と返信すると〈よかったら2人で行きましょう(^-^)〉と返ってきたそう。

「いよいよ初デート‼」と興奮して生理が来そうな私の隣りで「昔の僕ならそんなメール送れませんでした、『勘違いしてんじゃねーよキモオタ』と思われるのが怖くて」と感慨深げな山田くん。しかしその表情はさほど嬉しそうじゃない。

「好みじゃないの？」と聞くと「そういうわけじゃないです。話してて楽しいし」と答えるものの「よくわからないっていうか……惚れてるかって聞かれたら、ハッキリそうとも答えられないし」。

「まだデートもしてないのに、惚れてるもクソもないでしょ」と返すと「それはそうなんですけど、自分でもよくわからなくて、なんというか、その」と曖昧な答弁を繰り返す。

ミノフスキー粒子が濃いわ、彼の真意はどこに？　と目を凝らしつつ、私は聞いてみました。

「それって好きになるのが怖いんじゃないの？」

すると無言でうつむく山田くん。やはりそのパターンか。彼女いない歴＝年齢のオタクとしては、好きになって振られるのが怖いから、無意識にストッパーをかけてしまう。

オタクに限らず、これは恋愛経験の少ない男女にありがちです。

「本当に相手を好きなんだろうか」「恋愛感情じゃなく友情かも」「好きじゃなく単なる憧れかも」など、頭の中でごちゃごちゃと理屈をこねくり回す。けれども恋愛とは理屈じゃなく、感情の動き。その人といて楽しいか、また会いたいと思うか、もっと話したいと思うか。そこでシンプルに「YES」と思うなら、また会って話せばいい。それで自分の感情がどう動くか、確かめればいい。

恋愛は相手あってのものだから、頭の中であれこれ考えても正解は出ないのです。

私は山田くんに「考えるな、感じろ！」とブルース・リー先生の言葉を贈り、「ま、気楽に楽しんできなさいよ」と肩を叩きました。

して、Rちゃんと紅葉の有名な寺に行くことになった山田くん。デート前日〈沈黙になったらどうしましょう⁉〉とメールがきたので〈ドイツ軍人はうろたえない！〉とテキトーに返すと〈僕ドイツ軍人じゃないし〉と返信。〈ドイツ軍人じゃないのは百も承知だけどまあ頑張れ〉とエールを送りました。

デート翌日。報告を聞くべく山田くんを呼び出したところ、

「デートって楽しいものなんですね……」

と多幸感に包まれている。

「一緒に歩きながら他愛のない話をして、こういうのってすごく楽しいんだって初めて知りました」

「彼女のペースに合わせてゆっくり歩いて、男といる時と全然違うんですよ」

「別れた後に、もっと彼女の話を聞きたかったと思って。男といる時は、もっと自分が話したかったとしか思わないのに。自分がしゃべる時間がもったいないと感じたのは初めてでした」

デート後、山田くんがバーに立ち寄ると「すごくニヤニヤしてるよ?」とお客さんに言われたんだとか。

「言われて気づきました。自分はすごく嬉しいんだって……変な話ですけど、エロゲーした後とかってため息しか出ないんですよ。やってる最中は夢中だけど、電源を切ると汚い自分の部屋にいて、一気に現実に引き戻されて」

山田くんは「次は彼女とこんな場所に行こう、こんな話をしよう」と考えながら、喜びを感じていたそう。未来に繋がる希望を持てる点が、二次元との違いかもしれません。

その後、Rちゃんと3回デートを重ねた山田くん。〈彼女と映画に行ったんですけど、こんなシー

ンで泣いてて、全然視点が違うんだなって云々〉と当事者以外は興味のないノロケ報告を送ってくるものの、

アル「なんで告白しないの？」

山田くんに質問をぶつける私。

アル「振られるのが怖いから？」

山田「………」

アル「もう4回もデートしてるし、彼女も山田くんに会うの楽しみにしてるんでしょ？　脈はあるんじゃないの？」

山田「いや、向こうは単なる友達と思ってますよ、付き合うとか考えてないと思います」

アル「ちょっと携帯貸しなさい」

返事も待たず山田くんの携帯を開き、メールチェックしたところ〈クリスマスも一緒に過ごしたいな♡〉というRちゃんからのメールが。

アル「脈アリアリやないか！」

山田「えっ、そんなことないでしょう？」

人はこんなに鈍感になれるのか！　と戦慄するアルテイシア。けれども気づきました。山田くんは鈍いんじゃなく、怖いんだと。付き合えるかもとぬか喜びして、ガッカリするのが怖い。

そうだよね、そこはモテないオタクのままなんだよね……とホロリときつつ、

「告白せなこの携帯へし折るぞ」

と両手で携帯を握りしめる私。

山田「か、勘弁してください！」

アル「いいや、折る。というのも、これ以上引き延ばすとダメだから。彼女に『私から告白するのを待ってるの？　男らしくない』って思われるから」

山田「そんな風に思ってるんでしょうか……？」

アル「思ってます、だから告白しなさい、トラスト・ミー」

して5回目のデート。博物館に行って晩ご飯を食べて、その帰り道。夜景の綺麗な神戸ハーバーランドで「付き合ってください」と告白したところ、Rちゃんは「ありがとう、こちらこそお願いします」と返事をくれたそうです。

後日、山田くんから「告白の間、ずっと震えてました。コンパに参加したメンバーが『ドッキリでした～』って出てくるんじゃないかって」と聞きました。

学生時代のドッキリがトラウマになってたんだなあ、とホロリ。そして山田くん、告白後にキッスもなすったらしい。すっかり大人になっちゃって。

ふたたび彼の携帯を勝手に開くと、

Rちゃん〈今日のお店、すごく美味しかった！　選んでくれてありがとう♪〉

山田〈今日は俺ちょっとしゃべりすぎたかも、ごめんね〉

Rちゃん〈ううん！　私は口下手だからしゃべってくれて嬉しいよ(^-^)〉

なんちゅうええ子や、と涙。全米は泣かないけどアルテイシアは泣きますよ。同時にふと疑惑が。

「Rちゃんは実在するのか？　脳内で育んだ彼女だったりして」。

「Rちゃんに会いたいから直接メールしていい？　この携帯で」と言うと「いやいや勘弁してください！」と山田くんは慌てつつも、アポを取ってくださいました。

その後、うちの夫も交えて4人でランチすることに。Rちゃんが実在する生命体であることに、ひと安心。彼女の印象はニコニコおっとり癒し系。「か、可愛いじゃねぇか……」とうろたえる私。

「山田くんのどこがよかったの？」と聞くと「初対面の時、真面目そうな人だなって思いました。あと、穏やかで話しやすいなって」。やはり塩むすび路線は正しかった。

「それとお寺に行った時、いろいろ歴史の話をしてくれて、詳しいな〜って尊敬しました」

単に歴史漫画読んでるだけなのに。でも過去の山田くんなら一方的にウンチクを語ったけど、会話のキャッチボールをできたことがよかったのでしょう。それにRちゃんは書店でバイトしていた本好きで、山田くんと話が合った様子。

「なんで告白してこないんだって思った？」と聞くと「はい……私から告白するのを待ってるのか

なって」という言葉に「ほれみろ！」と山田くんの肩を思いっきりグーで殴る私。

そんな私と山田くんのやりとりも、夫と山田くんが食事そっちのけでブラジルの予言者ジュセリーノについて語っている時も、おっとりと笑顔で聞いてる彼女。きっと波長も合ったのね、と私は思った。山田くんもぼんやり、もといおっとりしたタイプなので、ペースが合ったのでしょう。

「山田くんがオタクなのは気にならなかった？」と聞くと「はい、話題豊富で楽しいです、漫画も貸してもらいましたし」とニコニコ。

帰り道、私は「なんで山田くんがあんないい子と付き合えたのか」と呟きました。すると夫は「いい子だから付き合えたんだよ、いい子だから山田くんの良さがわかったんだ」と冴えた発言。

続けて「世の中はクソ女ばっかりだから、あんないい子は珍しいけど」とクソ女発言。

世の中にはクソ女もいればいい子もいます。いい子と付き合うためには、別キャラを目指さずに、今の自分に恋愛能力をつけること。

山田くんも根っこは変わってなくて、今まで知らずにやってた失敗を改め、正しい恋愛の方法を学んだ。彼が別キャラを目指してカッコつけてたら、きっとRちゃんに好かれなかったでしょう。

そして女嫌いの夫の言葉にも、山田くんは励まされたそうなのです。

Rちゃんに告白する前、夫は山田くんに「雄が雌とつがって子孫を残したいと思うのは生物学上当たり前のことなんだから、告白すればいい」と言った。「でも僕みたいなオタクと付き合うのは嫌

かなって」と不安げな山田くんに、
夫「その彼女、『秋葉原なんか空爆すればいい』とか言うわけ？」
山田「もちろんそんなことは言いませんよ！」
夫「もし彼女の趣味が宝塚歌劇でも、山田くんは嫌いになったりしないよね？」
山田「もちろんです」
夫「じゃあ山田くんの趣味がアニメやゲームだからって嫌うのはおかしい。趣味で人の好き嫌いを決めるなんて変だろう」
山田くんいわく「僕はずっと『自分みたいなオタクが人を好きになっていいんだろうか』と悩んでました。でも『趣味で人の好き嫌いを決めるなんて変だ』と言われて気づいたんです。僕がおかしいんじゃなく、人の趣味にあれこれいう方がおかしいんだって。そんな女の子なら、こっちから願い下げだって。人を好きになる気持ちにオタクとか非オタクとか関係ないんだし」。

……という場面を回想しながら「それで告白する勇気が出たなら、変人と結婚した甲斐があったものよ」と思う私の隣りで、「やはりオタクは革命をおこすべきだ！」と夫。

アル「は？」

夫「ゲームやアニメも昔は子供のものだと思われてた。それが今では世界に誇る日本の文化になった。俺が10代の頃はオタク＝犯罪予備軍みたいに思われてた。いまだにそんなイメージを強調するメディアもあるけど、随分マシになった。オタク芸人やオタクアイドルが人気者になるなんて、ひと昔前にはなかった現象だから」

アル「まあねえ」

夫「オタクの地位はようやく向上した。それでもオタク＝恋愛できない・モテないってイメージはいまだにある。それを根絶するためには、オタクの地位を向上させて『あなたオタクなんですか？付き合ってください！』と女どもに言わせることだ！」

アル「はあ、そのためには何を？」

夫「テロ。と言いたいところだけど犯罪になるから、デモかな。オタクが結集して電通や六本木ヒルズの周りをデモ行進」

デモ行進。それも悪くはないですが、私としてはオタクがオタクのままで恋愛能力をつけること、パートナーを見つけて幸せになること、そんな幸せなオタクが増えることで「オタク＝恋愛できない・モテない」というネガティブなイメージが薄まり、オタク全体の地位の向上に繋がり、後人に道を切り拓くことになると思う。

オタクをやめて恋愛至上主義に寝返り自分だけ幸せになるのではなく、オタクのままで恋愛して幸せになってオタクが生きやすい社会を実現する。それが21世紀のオタクの恋ではないでしょうか。

「ひと昔前には柔術家が最強と呼ばれる時代があったんですよ！」

とひさしぶりに担当マスオさんの登場です。

マスオ「でも時代が変わるにつれ、柔術だけでは勝てなくなってきた。そこで柔術家たちはボクシングやレスリングの技術も磨いたんです」

アル「総合力を高めたわけですね。柔術を捨てたわけではなく、柔術をベースにそれ以外の技術をプラスした」

マスオ「そのとおり！　バックグラウンドはあくまで柔術なんです！　柔術ルールでも総合ルールでも戦える、それが真に強い格闘家であり……だから我々もオタクルールでも恋愛ルールでも戦えるジョン・ジョーンズのごとき漢《おとこ》になるんじゃあ!!」

と高ぶるマスオさん。皆さんも本書を参考にして、総合力を高めてもらえれば幸いです。

山田くんは恋愛修行を始めて10ヵ月で彼女ができました。彼を見ていて感じたのは、恋愛経験ゼロのオタクは真っ白なキャンバスだということ。真っ白だから吸収力はウィスパー並みで、横モレせずにしっかり吸収できる。

山田くんも「人生で一番変化した1年だと思います」と言います。「1年前なら彼女に出会ってもうまくいかなかった。女の子と話せなかったし、自信がなくてデートにも誘えなかっただろうし」。

そう語る表情は「どうせ僕なんて」とうつむいていた頃とは変わり、明るくスッキリしている。1年前は異性と話す時にオドオドしていたのが、堂々と目を見て話せるようにもなった。ラブァの言うとおりだ、人は変わる……。

「今までは趣味が合う方がいいと思ってたけど、趣味よりも人間性や相性が大事だってわかりました」と賢さも増えた山田くん。

そんな彼は半袖を着るようになりました。学生時代、女子に「毛深くてキモーい」とさんざん言われて、夏場でも長袖を着ていたのに。

「彼女が僕の腕毛を引っぱって遊ぶんですよ～」というノロケに「あっそ、ヒューヒューだよ」とテキトーに返す私ですが、女に作られたトラウマを女に癒されてよかったと思う。

Rちゃんも元彼に裏切られて傷ついた経験があるそうな。だから「付き合うなら絶対に真面目で誠実な人」と決めていたらしい。

傷ついた過去があってもリカバリーできる。やっぱり、恋愛は捨てたもんじゃないと思う私。私自身も夫に出会って救われたから。

家族と絶縁していた私は自分の家族がほしくて、独身時代「もしパートナーに出会えなかったら、自分は嫌な人間になっていくだろう。お正月に『息子は来年小学校です♪』みたいな年賀状が届いたら、ケッと吐き捨てるような。女友達に子供が生まれても、素直に喜べないかもしれない」と恐怖していました。だから全力でパートナーを探した。

現実から目をそらさずまっすぐ見つめることも、大切だと思うのです。

「毎日、家に帰るのが楽しいです。今まではだらだらネットしてゲームして寝るだけだったのが、帰ったら彼女に電話しようと思うと仕事も頑張れます」と語る山田くん。

彼女ができるまでの10ヵ月間、失敗したり、落ち込むこともいっぱいありました。それは27歳の通過儀礼だった気がします。

映画『300《スリーハンドレッド》』のスパルタの少年は猛獣と戦って大人になった。プレデターはエイリアンと死闘を繰り広げて大人になった。それに比べて、見た目を変えたり会話の練習をすることは、そこまで大変なことじゃない。失敗や苦労はあっても、命までは取られない。

山田くんは「今まで彼女のいる男を見て『セックスできる相手がいていいよな』と思ってました。でも彼女と付き合って、一緒にテレビを観ながら笑ってる時間が一番楽しいって知りました」と言います。エロゲー100本持ってた人間の発言とは思えない。

女性が苦手でどう接していいかわからなかった山田くん、そんな彼にも素敵な彼女ができました。正しい方法を学べば、恋愛能力は身につくのです。どうか皆さんも勇気を出して、一歩踏み出してください。あなたならできるわ。

恋人といい関係を続けるには？

恋人と付き合いたてのラブラブ期は楽しいもの。「幸せだね！　ウフフアハハ」と好きなだけラブラブすればよろしい。が、付き合いたてはラブラブばかりとは限りません。友達はある程度の距離をもって付き合うけど、恋人はそれよりもずっと密接。だから家族以上の深い繋がりを築ける。

でも今まで他人だった２人だから、育ってきた環境や生活習慣も異なる。付き合って1～3ヵ月は「すれ違いはあって当然」と覚悟しておきましょう。

そこで話し合って歩み寄ることで、お互いに理解が深まり、安定した関係を築けるのです。

男性は付き合うと安心して気が抜けがちですが、「ここからがスタートなんだ」と気を引き締めてください。付き合う前と同じように、想像力と思いやりをもって、相手の立場になって考えましょう。

たとえば彼女が仕事で忙しい時、「もっと会えないの？　俺はこんなに寂しいのに」的な態度を取ると相手はプレッシャーを感じる。そんな時は温かく見守って、支えてあげましょう。

逆の立場で考えたら、あなたが忙しい時に彼女が不満をぶつけたりせず、励ましのメールをくれたり、好物を作ってくれたり、体にいいサプリをプレゼントしてくれたら、感激しますよね？「絶対にこの彼女を手放しちゃダメだ、大切にしよう」と愛情が深まるはず。

「これをされたら嫌だろう、これをしたら喜ぶだろう」とつねに相手の立場になって考えること、それがいい関係を続ける一番の秘訣です。

その他の秘訣としては、

・言葉で愛情表現する
・たまのイベントは気合いを入れる

欧米人は「愛してるよハニー」「綺麗だねマイスウィート」みたいなことをしょっちゅう言います。またクリスマスや記念日にはサプライズでディナーやプレゼントを用意して、パートナーを喜ばせる。それは彼らが「ここさえ押さえておけば女は機嫌よくいてくれる」と知っているから。

女は恋人に「私のこと好き?」と聞きます。男は「そんなの言わなくてもわかるだろ」と思いますが、女はわからないんじゃなく、言われると単純に嬉しいのです。

男が彼女の手料理やフェラに喜ぶように、女は彼氏の愛の言葉に喜ぶ。言葉は料理やフェラより楽だしタダなんだから、言った方が賢明。

女性読者から「彼氏の愛情表現が少ないのが一番の悩み」という相談をよくもらいます。一番の悩みになるくらい、女にとって愛情表現は重要。その重要なポイントさえ押さえておけば、多少のことは許してもらえるってこと。

彼女に「好きだよ」「可愛いよ」とじゃんじゃん言いましょう。ただ厄介なのが、そこで女は「どこが?」と聞いてくること。その際は、とにかく何でもいいから言うことです。「優しいし明るいし一緒にいて楽」とか「ほっぺたがツヤツヤしてる」とか。女は正解がほしいわけじゃなく、何でもいいから言ってほしいのです。乳児に「アバババー!」と言うと「キャッキャ!」と喜ぶのと同じ。アバババーという言葉に意味はないが、相手の愛情のこもった表情や声を見ている。

イベントに気合いを入れることも、女にとっては愛情表現。ディナーやプレゼントそのものよりも、愛されてると実感できるのが嬉しい。金額は関係なくて、そこにこもった「気持ち」に感動するのです。

世の中には私のようにイベントに興味のない女もいますが、それでは男性もオッサンと付き合っているみたいで虚しいでしょう。また普段はオッサンでも「イベントだけは気合いを入れてほしい」と望む女性も多い（これは育った環境にもよります。家族でイベントを祝う習慣のあった人は恋人にもそれを望む）。

釣った魚にエサをやらないと言いますが、彼氏が安心して手を抜くと、彼女の中で不満が蓄積されていき「もう別れる!!」ってな羽目になりかねない。

もともと、女は男よりもキッチリしていて几帳面。小学生の頃、女子のノートは綺麗だったけど、男子のノートはキン消しでこすって黒く汚れていた。つまり、男の方がテキトーで面倒くさがりが多い。私は誰よりもテキトーで面倒くさがりなので、男子諸君の「面倒くせえ」という気持ちはよくわかる。

でも彼氏が面倒くさがって休みの日もだらだらしてデートの計画も立てないと、「付き合う前は頑張ってたくせに、この人を選んだのは間違いだった？」と感じる女は多い。

「せっかくの休みなんだからデートしたい」「たまにはオシャレしてレストランにも行きたい」というのは、可愛い乙女心。私みたく「そういうのはさんざんやり尽くしたからもうえーわ」と鼻くそほじってるような女、皆さんも嫌でしょうが。彼女の乙女心に応えてあげてください。

恋愛経験の少ない人は「恋愛＝面倒くさい」とマイナスイメージを持ちますが、相性のいい相手との恋愛は、そう面倒くさくありません。無理しなくても、しっくりいくものなのです。面倒くさい恋愛は、付き合う相手を間違っている場合がほとんど。恋愛が悪いのではなく、相性が悪いのです。

旅行にしても、準備や計画を立てるのはやや面倒くさい。でもいざ気の合う相手と旅行に行くと、すごく楽しくて一生の思い出になる。デートの計画を立てるのも、いざ彼女の嬉しそうな顔を見たら「頑張ってよかったな〜」と思いますよ。

最後に。女はたまにドカンと噴火しますが、マグマを放出しきると正気に戻って、自己嫌悪に陥る。「どうして一番好きな人に、一番嫌なところを見せてしまうんだろう」と。

彼女の噴火は季節の風物詩くらいに思って、ドーンとかまえましょう。噴火の最中は身を低くしてしのぎ、活動が収まってから「冷静に話し合おう」と言いましょう。あなたが逃げずに受け止めれば、彼女は「ごめんね」と謝ります。そして「こんな器の大きい彼氏と付き合えてよかった」と愛情が増すのです。

女が究極に求めるのは「どんな時も逃げずに、味方でいてくれること」。

心配しなくても、噴火は加齢と共に減っていきます。多分ホルモンも関係しているんでしょう。

女性は生理前や生理中にホルモンの関係でイライラしたり情緒不安定になったりもしますが、「女の人って大変だな」と大らかに受け止めてあげてください。それは妊娠・出産のための体のシステムなのだから。

女は愛情をかけたぶん、ちゃんと返してくれます。植物と同じで、こまめに水をやって（愛情表現）たまに肥料をやれば（イベントやデート）、綺麗な花を咲かせて癒してくれますよ。

女性には「大切な人に愛情を与えてケアしたい」という性質があるため、あなた以上にあなたのことを考えて愛してくれます。どんな時もあなたの味方でいてくれます。

そんなパートナーがいれば、人生はより豊かで充実したものになるでしょう。彼女と末長く幸せな関係を築いてくださいね！

あとがき

連載時の原稿を読み返し、「もっと書きたいことがある」と書き直しを進めた結果、ほぼ全面改装になりました。パソコン画面を見続けてムスカ状態（目が〜目が〜）になりましたが、必要なことは網羅できたと自負しています。

原稿執筆中、これまで頂いたオタク読者からのメールを読み返しました。それで再確認したのは「みんなパートナーを見つけて幸せになりたいんだ」「やっぱりオタクは中身のある魅力的な人が多い」ということ。

私にメールをくれる読者はオタクのごく一部であって、オタク代表ではありません。でも彼らの生の声に触れて「愛する人と温かい情愛を育みたい願望は誰もが持っている」と感じました。

そんな読者のメールは中身が濃く、読み応えがあって面白い。これは仕事やプライベートでオタク男子と接する時にも感じることです。

彼らはシャイで奥手なので、積極的に話しかけてはこない。でも心を開いてじっくり会話すると、手応えがあって面白い。

独身時代、私は「話してて手応えのない男ばっかりか！」と絶望してました。男って脳みそカステラかしら、この際レズに転向しようかしら？　とさえ。

コンパや飲み会で出会う男性は体育会系のアメフト出身みたいな人が多く、グルメやスノボやワールドカップの話しかしなかった。こちらが違う話をしようとすると「主張が強くて面倒くさい女、社民党員か？」みたいな目で見られる。こんなに軍服が好きなのに社民党員なわけないだろう！と煮えっぱなしの独身時代。男に年収や肩書きは求めないけど、話してつまらない男とは付き合えない、と感じてました。

同様の意見を、女友達や女性読者からもしょっちゅう聞いていました。「話してて面白い男がいない。笑わせてほしいわけじゃない、中身のある手応えのある会話がしたいんだ」と。

そういう女性たちのためにも、私は本書を書きました。脳みそにいろんな知識や思考が詰まっているオタクの存在に、気づいてほしいと思って。

世の多くの男性は、会話のスキルはあるが中身がない。世の多くのオタクは、中身はあるが会話のスキルがない。緊張してうまく話せなかったり、相手の話を聞かず一方的に話してしまったり。そんな男性たちにコミュニケーションのコツを学んで、異性とリラックスして楽しく話せるようになってほしいと思いました。そうすれば、男女ともに幸せなカップルが増えるはずだと。

実際、連載時に「女性と話せるようになった」「女性と接するのが楽しくなった」「初めて彼女ができた」と報告をくださった読者の声が励みになりました。

特に結婚報告をくださった方の「完璧主義にハマると身動きが取れなくなる。『下手くそでもいいんだ』と開き直って行動した者にしか成功は訪れないんじゃないか……これがアルさんの言葉を信じて行動した私の率直な感想です」という言葉に、これって人生も同じだよな〜と感じました。失敗は成功のマザー。ノーエネルギー・ノーリターン。じっと同じ場所に立ち止まっていては、幸せは手に入らないのだと。

月日は流れ、友人の山田くんは結婚して赤ちゃんも生まれました。

Rちゃんと付き合った当初、「人を好きになるって、相手の喜ぶ顔を見たいってことなんですね」という山田くんの言葉に「『エロゲーなら点数稼ぐと見返りがあるけど、現実の女性は思い通りにならないし』とか言ってた人物とは思えない」と感動しました。

2人は順調に交際を続け、1年後に結婚。私も赤い彗星を意識した血のようなドレスで結婚式に出席しました。

披露宴の最中、山田くんのご両親に「息子を導いてくださりありがとうございます」と頭を下げられてオロオロ。食パンを湯船に浮かべた妹から「アルさんの本読ませてもらいました！『もろだしガールズトーク』」と言われ「よりによってあんなゲスい本を」とアタフタ。

でも一番印象的だったのは、新婦の女友達のスピーチです。

「Rちゃんは旅先で雨が降っても『雨の景色も落ち着いてて素敵だね』とニコニコと言える子。それでみんなホッとするし、明るくなれる」という言葉。

「女を見る目もあったのだな、小僧」と私はボサッと新郎席に座る山田くんを眺めました。

結婚生活は、雨も降るし風も吹くし嵐もくる。そんな時、そばでニコニコと励ましてくれる子がいたら、どんなに心強いか。「ええ嫁はんもろたのう」と刻《とき》の涙を流した私。

そこからさらに月日はたち、女の子のパパになった山田くん。家族そろって『仮面ライダーフォーゼ』を観る日々なんだとか。

私も夫と出会って丸7年がたちました。「新刊のタイトル何にしよかな、男子向けの本なんだけど」と言うと「チンボー・怒りの睾丸は?」ⓒ『ランボー・怒りのアフガン』)と使えない意見をくれる夫ですが、夫の発言に笑ったり意表を突かれたりと、愉快な日々です。

恋愛や人生に絶望していた時期もあったけど、諦めなくてよかった。そして、ずっと出したかったテーマの本を出版できることに、喜びを感じています。

最後になりましたが、友人の山田くん、連載担当のマスオさん、書籍編集者の髙橋花絵さん、対談してくれた旧友の宋美玄さん、素敵なカバーイラストを描いてくださった犬さん、ありがとうございました。なにより、貴重なご意見をくださった読者の皆様、この本を読んでくださった皆様に深く感謝いたします。ありがとうございました。

2012年初夏　水の都より愛をこめて　アルテイシア

本書は電子書籍配信サービス「最強☆読書生活」で２００７年５月〜２００８年４月に配信された『恋愛☆電気アンマ』を大幅に加筆改稿したものです。

参考文献
山田昌弘『若者の将来設計における「子育てリスク」意識の研究』（平成15年度総括研究報告書　厚生労働科学研究費補助金政策推進事業）
山田昌弘・白石桃子『「婚活」時代』（ディスカヴァー・トゥエンティワン）
山田昌弘・白石桃子監修『うまくいく！「婚活」戦略』（ＰＨＰ研究所）
宋美玄『女医が教える本当に気持ちのいいセックス上級編』（ブックマン社）
宋美玄『幸せな恋愛のためのＳＥＸノート』（ポプラ社）

アルテイシア

1976年、神戸生まれ。大学卒業後、広告会社に6年間勤務。現在の夫であるオタク格闘家との出会いから結婚までを綴った『59番目のプロポーズ』（美術出版社）で作家デビュー。同作は話題となり、英国『TIME』など海外メディアでも特集され、TVドラマ化・漫画化もされた。著書に『続59番目のプロポーズ』（美術出版社）、『恋愛格闘家』（幻冬舎）、『もろだしガールズトーク』（ベルシステム24）、『草食系男子に恋すれば』（メディアファクトリー）など。女性のリアルな本音を赤裸々かつ軽快なタッチで描いて人気。雑誌や携帯サイトで活躍中。ペンネームはガンダムの登場人物「セイラ・マス」の本名に由来。好きな言葉は「人としての仁義」。

「ヤプログ！」内のブログ
「アルテイシアのもろだしな日々」で
悩み相談も受付中。
http://yaplog.jp/artesiasom/

STAFF
企画　佐々木亜希
編集　高橋栄造
　　　高橋花絵
校正　錦見映理子

モタク　**モテるオタクになる恋愛ガイド**

2012年5月25日初版第1刷発行
2014年6月20日初版第4刷発行

著者　アルテイシア
発行人　廣瀬哲一郎
発行所　株式会社スコラマガジン
〒160-0022
東京都新宿区新宿2丁目15番14号　辰巳ビル
TEL　03-5360-8064（販売部）　03-5360-8960（編集部）
http://www.TG-NET.co.jp/

印刷　三共グラフィック株式会社
製本　株式会社セイコーバインダリー

ISBN978-4-902307-33-7 C0095